2017年度江西省高校人文社会科学研究项目《文化自信视域下中国优秀传统文化对大学生民族精神的培育研究——以陶瓷文化为例》，项目编号：SZZX1729

U0631188

"非遗"传承下
传统文化对大学生
思想品德教育的价值研究

吴强 马俐 著

沈阳出版发行集团

沈阳出版社

图书在版编目（CIP）数据

"非遗"传承下传统文化对大学生思想品德教育的价值研究 / 吴强，马俐著 . -- 沈阳：沈阳出版社，2018.10

ISBN 978-7-5441-9770-0

Ⅰ . ①非… Ⅱ . ①吴… ②马… Ⅲ . ①大学生 – 思想政治教育 – 研究 – 中国 Ⅳ . ① G641

中国版本图书馆 CIP 数据核字 (2018) 第 223760 号

出版发行：沈阳出版发行集团 | 沈阳出版社
　　　　　（地址：沈阳市沈河区南翰林路 10 号　邮编：110011 ）
网　　　址：http://www.sycbs.com
印　　　刷：三河市华晨印务有限公司
幅面尺寸：170mm × 240mm
印　　　张：11
字　　　数：215 千字
出版时间：2019 年 3 月第 1 版
印刷时间：2019 年 3 月第 1 次印刷
责任编辑：李　赫
封面设计：优盛文化
版式设计：优盛文化
责任校对：丁　昊
责任监印：杨　旭

书　　　号：ISBN 978-7-5441-9770-0
定　　　价：45.00 元

联系电话：024-24112447
E – mail：sy24112447@163.com

本书若有印装质量问题，影响阅读，请与出版社联系调换。

前　言

中华民族有着五千年的沧桑，华夏先民创造了一笔笔珍贵的文化财富，其中就包括丰富多彩的非物质文化遗产。"非遗"是各个民族内在的精神文化和人民在历史过程中生命创造力的体现，并以特殊的方式影响着人们的思维理念和价值选择，从而满足人们的精神需求和文化需求。因此，非物质文化遗产在大学生思想政治教育方面可以发挥重要作用，是大学生思想政治教育的活水源头。

目前，我国政府已经把"非物质文化遗产的传承和弘扬"提上了议事议程，全国各地都非常重视对"非遗"的开发利用。因政府的介入，我国在"非遗"保护方面的工作进行得非常顺利。随着对传统文化表现形态认识的逐步深化，各个高校开始充分挖掘民间传统文化资源，使它更好地为大学生思想政治教育服务。我们要抓住非物质文化遗产的教育功能，积极坚持扬弃理念，深刻体会其内在的精神文化层面，努力构筑高校思想政治工作的新体系。近年来，许多高校开始大张旗鼓地把非物质文化遗产引进课堂，认为"非遗"是大学生思想政治教育的重要支撑和强大后盾，这不仅使大学生学习弘扬了地方的民族民俗文化，而且营造了思想政治教育的人文气息。

目 录

第一章 "非遗"视野下传统文化的内涵及优点

第一节 传统文化的内涵

2001 年，联合国教科文组织通过了《世界文化多样性宣言》，向全世界发出保护非物质文化遗产的声音，在 2003 年又通过了《保护非物质文化遗产公约》（以下简称《公约》）。《公约》指出，非物质文化遗产是指"被各社区、群体、有时为个人，视为其文化遗产组成部分的各种社会实践、观念表述、表现形式、知识、技能及相关的工具、实物、手工艺品和文化场所。"根据《公约》这一定义，非物质文化遗产的内容应该涵盖："（1）口头传统和表现形式，包括作为非物质文化遗产媒介的语言；（2）表演艺术；（3）社会实践、礼仪、节庆活动；（4）有关自然界和宇宙的知识和实践；（5）传统手工艺"。

我国在秉承《公约》基本精神的基础之上，运用马克思主义的基本原理，结合中国的具体国情和非物质文化遗产的现有状况，对非物质文化遗产的定义和范围做出了创新性的解读。《国家级非物质文化遗产代表作申报评定暂行办法》指出，非物质文化遗产是"指各族人民世代相承的、与群众生活密切相关的各种传统文化表现形式（例如民俗活动、表演艺术、传统知识和技能，以及与之相关的器具、实物、手工制品等）和文化空间"。据此，非物质文化遗产的范围应界定为："（1）口头传统，包括作为文化载体的语言；（2）传统表演艺术；（3）风俗活动、礼仪、节庆；（4）有关自然界和宇宙的民间传统知识和实践；（5）传统手工艺技能；（6）与上述表现形式相关的文化空间"。

非物质文化遗产是一种由人类以口传心授和代代相传的独特方式保存于民间的有无形性和活态性的文化遗产。伴随着国家和民族的发展历程，非物质文化遗产也呈现出不同的形态，它是生命记忆的活化石、珍贵的文化基因，是人类智慧和创造力的结晶，促使着人类文化向多样化方向发展。

"非物质文化遗产的价值就存在于非物质文化遗产本身与人类的相互关系中，存在于非物质文化遗产对人类具有的重要功能和作用中"。非物质文化遗产是多种资源的集合体，涵盖诸如文化、历史、教育、社会和谐等资源，这些资源决定了非物质文化遗产具有多种功能和多层面、多体系的价值。它不只是某一个群体、某一个民族的财富，更是整个人类的财富，可以帮助我们了解过去，促进文化朝多样性方向发展，促进人类持续、健康发展。"非物质文化遗产是人类文化整体内涵与意义的重要组成部分，蕴含着该民族传统文化的最深根源，保留着形成该民族文化身份的原生状态，以及该民族特有的思维方式、心理结构和审美观念等"。

非物质文化遗产是群体或民族珍贵的文化财富，是传统历史文化的积淀和延续，是了解过去文化发展史的活化石，是民族文化身份的标志，是民族生存、发展的根基，其中所包含的文化资源既是人民群众智慧和想象力的鲜活体现，也是精神世界的集中反映。非物质文化遗产作为文化的精髓和象征，生动地展示了该民族独有的生活、思维和审美方式。在民族兴衰中凭借自身顽强的生命力形成了独特的文化发展轨迹，文化价值不言而喻。从这个意义上来讲，一部人类的发展史不仅是劳动的发展史，同样也是文化的发展史。

虽然不同群体、不同民族各自形成了独树一帜的文化观念、思维、创造力和模式，但伴随着民族和区域间的交往，形态各异的文化在交流的过程中必然会产生思想上的碰撞、摩擦、融合、吸收，在保留本土文化的前提下，秉承求同存异的原则接纳外来文化，力求做到创新，促使文化逐渐多样化，造就海纳百川、五彩缤纷的文化世界。不同历史发展阶段、不同地域、不同民族的文化有着不同的表达形式，而且在经济全球化的今天，文化交流的方式、手段更加便利、多样，参与交流的积极性越发高涨，参与交流的对象和范围逐渐扩大，文化多样性已成为整个人类文化的重要特点。文化多样性是民族繁荣昌盛的保证，是国家增强文化软实力的重要条件，也是人类文化创作的重要源泉。非物质文化遗产作为文化多样性的重要体现，对文化多样性有着促进作用，从这个层面上来说，保护和传承非物质文化遗产的过程也是保护和促进文化多样性的过程。反过来，保护和促进文化多样性对实现非物质文化遗产的保护和发展也具有积极意义。

"通过这些非物质文化遗产，我们就可以了解到特定历史时期的生产发展水平，社会组织结构和生活方式，人与人之间的相互关系，道德习俗及思想禁忌"。非物质文化遗产在一定的历史发展阶段中产生，属于特定历史条件下的产物，带有那个时代特有的气息，是过去历史的真实见证，折射出历史的光芒。它的历史价值需要通过特定的文化形式呈现出来，依附于具体的文化。它的形成所需要的一切主客观条件都具有历史性，认识指导下的实践和实践基础上的再认识均是历史的、变化的。我们可以通过研究某种非物质文化遗产的形式和内容的发展史，了解当时的生产力发展水平、思想认识、人际关系、家庭结构、精神风貌等。例如马鞍山市的当涂民歌，在清末民初广受劳动人民的喜爱，是劳动人民在长期劳作中根据当地文化特点和生产状况所创作的，歌词贴近生活实际、内容丰富多彩、通俗易懂、风格悠扬，当涂民歌在不同的历史时期有着不同的表现形式、体裁、反映内容、传播范围，通过对当涂民歌发展史的了解，我们能认识各个历史阶段人们的生产生活方式、社会关系、经济关系以及审美观。再如六安市的大别山民歌，继承了上古时期部落民谣的曲调风格，歌词反映了古代社会尤其是近现代社会的发展历程、历史事件、英雄事迹，如大禹治水、楚汉之争、辛亥革命、红军起义等历史事件，也有反映六安市当地风土人情和特色风俗的歌曲，如《八月桂花遍地开》《慢赶牛》等，这些都具有非常重要的历史价值。除此之外，非物质文化遗产依赖于人们在民间以口耳相传、心领神会的方式存在，这样有助于弥补官方对历史记载的不完整性，以生动形象的方式去帮助人们认识真实的、全面的历史。

非物质文化遗产是民族或群体保持旺盛生命力的精神支柱和不朽动力，富含精神价值。它涵盖了广大劳动人民群众在长期生产实践活动中凝结而成的智慧、民族意识、群体意识、思想精髓、文化理念、价值观、情感态度、心理模式和意识形态等，这些都是民族、群体的灵魂所在，是区别于其他民族、群体的重要标志，处处彰显民族特性。"民族精神是一个民族赖以生存和发展的精神支撑。一个民族，没有振奋的精神和高尚的品格，不可能自立于世界民族之林"。如果一个民族缺乏必要的精神，那么这个民族就如同一盘散沙，没有凝聚力、向心力，也无法取得本民族人民的理解和认可，所以，我国一直倡导人民践行爱国主义、集体主义、自强不息、勤劳勇敢等民族精神。在不同的历史时期，民族精神有着不同的表现形式，民族精神并不只是存在于某一种非物质文化遗产中，而是贯穿整个民族发展历程、深深根植于民族的文化土壤中，在每一代人的传承中得到延续。保护和传承非物质文化遗产的过程，其实也是传承和发扬民族精神的过程。譬如流行于淮南市凤台县内的火老虎，是一种根据历史事件和民间传说演变而来的民间舞蹈。相传在五代十国时，后周与南唐为抢夺淮南作为自己的领地，在寿春即今日的寿县展开激烈的战争，后周派出将领赵匡胤攻打寿春，南唐将领余洪禁不住对方猛烈的围攻而被迫逃到八公山，随后后周将领刘金定放火烧山，山上及淮河岸边大火四起，林中老虎纷纷逃至山下。火老虎在表演过程中，采用夸张的形式，如角色扮演、凶猛动物服饰、动作设计,特别是点燃表演者的身体,且适时跳入寒冷的水中。又如黄山市祁门县的徽州目连戏,是一种根据目连救母的历史故事改编而来的戏曲,歌颂孝敬父母、自强不息的优良传统。民族精神固然可贵,但必须学会用发展的眼光看待民族精神,提高甄别能力,对于不符合社会发展要求的、不科学的,我们应予以剔除、转换和提升,坚持把优秀的民族精神传承下去。

物质资料的生产是社会发展的物质基础,而思想、价值观、情感等方面的认同是实现社会稳定、和谐的文化基础,非物质文化遗产是本族群或本区域共同的价值观、情感诉求、思想道德的集中反映,因而有助于加强凝聚力、向心力,具有社会和谐价值。"非物质文化遗产是密切人与人之间的关系以及他们之间进行交流和了解的要素",如何拉近彼此间的距离,促使人与人保持较和谐的关系,非物质文化遗产是有效途径之一,它对整个社会秩序的维持以及社会主义和谐社会的建成发挥着不可替代的作用。另外,在保护和传承非物质文化遗产的同时,人与自身、人与自然、人与社会之间的关系也得到了进一步的巩固。文化来源于生活,人们在实际的生产生活中,把经验、境况、对人和事物的看法、价值取向等借助于非物质文化的形式表达出来,其中不乏和谐思想。反映自我与内心和谐的安分守己、明礼诚信、坚强不屈;反映人与社会和谐的谦恭礼让,邻里和睦,助人为乐;反映人与自然和谐的天人合一、敬畏自然、保护自然。安徽省国家级非物质文化遗产项目包含了丰富的和谐思想,比如九华山在每年农历七月三十都要举行盛大的庙会,放生是其中必不可少的活动,旨在倡导人类要爱护自然,拜忏有助于洗涤心灵;徽州文化中的三雕装饰、漆器与天人合一的理念浑然天成;在阴阳和谐、天人合一思想的指导下,徽州村落文化、徽派建筑艺术和万安罗盘制作技艺应运而生;界首彩陶烧制技艺蕴含着当地百姓崇拜自然、向往和谐统一的心理特质;花鼓灯艺术融合了时代精神,展现了人们和谐乡里、凝聚人心的精神风貌。由此可见,非物质文化遗产的传承过程,同时也是和谐思想的传播过程。

非物质文化遗产是人类发挥集体智慧的成果,覆盖面广,内容博大精深,涉及大量的科学文化知识、历史知识以及审美知识,带有不同学科、不同领域的文化属性。知识、技艺、技能等文化资源,是学校教育开展教育活动的有效手段和重要内容,把生动形象、形式多样、便于操作的非物质文化引入课堂,既能活跃课堂氛围,激发学生学习的积极性和创造性,使单一枯燥的课程简单易学,教学效果更佳,更能武装学生知识的头脑。作为非物质文化遗产的重要组成部分,安徽民间文学中的谚语和俗语通俗、幽默、实用性、知识性突出,有着良好的教育启蒙意义；界首市苗湖书会中的艺人，在不同的历史时期会根据社会现实不断改造说书内容，例如抗日战争时期，采取曲艺或顺口溜的形式以表达同仇敌忾的爱国主义精神；宿州市的经典坠子戏《小包公》鲜明地反映了淮北人的性格特征，引导人们做出合理的价值判断，树立正确的价值观。社会中的传承人向大众介绍非物质文化的过程不仅是传授知识的过程，也是受教育者学习的过程。学校、社会在各个教育领域利用非物质文化遗产可以达到良好的教化效果，受教育者在潜移默化中接受优秀非物质文化的熏陶，进而内化于心，外化于行。非物质文化遗产的教育价值已逐渐被大家所认识，利用非物质文化遗产辅助教育目标的实现已成为现实。广大的年轻人尤其是大学生在接受相关教育后，不仅对非物质文化遗产的现状、价值有着较为清晰的认识，保护意识和传承意识得到提高，更重要的是接受非物质文化遗产所传递的正确思想的陶冶。

　　非物质文化遗产对传承人类优秀传统文化、促进民族国家发展的特殊价值和重要性，经过了30多年的漫长岁月，在人们保护文化遗产和自然遗产的过程中才逐渐被认识。联合国教科文组织率先把非物质文化遗产的保护工作提上了日程，并在全世界范围内掀起了一股保护非物质文化遗产的热潮。美国在1970年颁布的《国家环境政策法》中提到希望凝聚各国力量，通过多方合作的方式保护世界范围内杰出的自然和历史遗址。20世纪60年代，埃及尼罗河干流上的阿斯旺高坝造成尼罗河旁两座千年神庙被洪水摧毁，20世纪60—70年代，人为因素成为世界遗产被破坏的主要因素，在过分追求经济快速发展的动机驱使下，大量古迹因旅游产业和修建水利工程被破坏，被破坏的古迹数量大且程度十分严重，这种局面引起了联合国的重视，呼吁各国正确对待经济发展与遗产保护之间的关系。为避免更多的遗产被人为毁坏，联合国教科文组织在1972年通过的《保护世界文化和自然遗产公约》中对遗产做了相关的界定和阐述。东方把遗产的保护对象定义为"财"，如"无形财""文化财"等。"非物质文化遗产"术语最早起源于1950年日本颁布的《文化财保护法》，在这部法律中，无形文化财的概念第一次被提及。顾名思义，就是指所有看不见的、没有特定形式的人类精神财富，包括传统手工技艺、文学艺术等，又可称之为无形的文化遗产。韩国在文化遗产法律的制定方面，借鉴了日本的经验，将无形文化财划分为音乐、舞蹈、工艺等文化载体。

第二节　思想精神的内涵

一、"有形文化"与"无形文化"

日本在《文化财保护法》中首次提到了有形文化财和无形文化财，并以法律的形式规定保护这两种民俗资料，并对韩国在此相关方面的决议起到了一定的导向作用。后来的《文化财保护法》对有形文化财和无形文化财的范围做出了明确的划分："有形文化财指的是具有较高历史价值与艺术价值的建筑物、绘画、雕刻……及有较高价值的历史资料等有形文化载体，无形文化财指的是具有较高历史价值与艺术价值的传统戏剧、音乐、工艺技术及其他无形文化载体……传承人一并指定"。对比联合国教科文组织和日本的相关法律文件、条文，从内容上可以看出，有形文化遗产就是指物质文化遗产，无形文化遗产就是指非物质文化遗产。

二、文化空间

文化空间是指在国家明文规定的或民间约定俗成的，或是以某一文化事件为节点的一段特定时间内，同时也在民间传统文化氛围浓厚的集中地，人们依旧按照传统方式定期进行有规律、有价值的文化活动。因此文化空间具有时间性和空间性两种特性，譬如祭拜山神、先祖等具有深厚学术价值和文化底蕴的活动，在经过时代洗礼和人类劳动改造后，其形式和内容都被打上了社会化和人格化的烙印，通过舞蹈、吟唱等活动方式祈求风调雨顺、安宁、长寿、子孙满堂等愿望，这些活动带着浓烈的宗教神秘感，以其为代表的原始文化所散发出来的质朴值得生活在喧嚣城市中的人们学习。值得注意的是，并非所有的时间和空间都是文化空间，切勿将文化空间泛泛而谈，比如学校、家庭等不能被视为文化空间。

三、物质与非物质的关系

对于文化遗产的物质性和非物质性的关系，应该从遗产的文化载体形态上加以区分。载体是动态的，还是静态的；是变化的，还是固定的；是否需要特定的人或群体世代相传并予以保护和发展。物质性与非物质性之间不是绝对对立的,而是相对对立的,非物质文化遗产的非物质性并不代表完全没有物质因素,物质文化遗产也包含非物质因素。例如,剪纸成品是实实在在的物质,但剪纸技艺、审美情趣、构思却是非物质文化;对于古琴来说,其本身是物质的,而弹奏古琴的技艺、曲谱等是无形文化。不过,有些非物质文化遗产无须依靠任何外在的实物予以辅助,如太极。从字面意义上就可看出,物质文化遗产与非物质文化遗产的差异主要体现在各自所强调的内容。非物质文化遗产是一种动态的存在,它的动态性主要体现为继承人在世代相传的过程中对技术、技能、艺术等文化活动的继承以及做出适应社会发展水平的能动性改造。在非物质文化遗产中,人的主观能动性和主体性起到了主导作用。物质文化遗产注重遗产的客观存在形态,是一种静态的存在,无须特定个人或群体加以传承,具有不可再生性,因此,对物质文化遗产而言,重在对其毁坏部分的修复和完好部分的保护。继承和发扬优秀传统文化必须保护非物质文化遗产,它是传统文化得以延续的重要根基,蕴含着一个民族和群体的价值观、思想以及独特的思维和行为方式。

词源中的遗产是指父亲出世后遗留下来的财产。有学者考证,这种对遗产的解释一直被人们所认同。直到 20 个世纪后半期,才发生了很大的变化。其内涵延伸至祖先遗留下来的财产,并被赋予了新的意义,即历史的见证,是整个社会共同拥有的财富。外延则由原来的物质财产延伸为物质和精神财富的总和,包括有形文化遗产、无形文化遗产以及自然遗产。国内有的学者认为文化遗产具有历史性、艺术性、科学性、纪念性。

第三节 中国传统文化的优点

一、传统文化的根本精神

传统文化的根本精神或基本精神是什么,当前是一个存在争议的问题。国内研究传统文化的专家学者普遍认为传统文化的根本精神是人文精神。北京大学楼宇烈认为,传统文化上薄拜神教,下防拜物教,如果从整体上把握的话,人文精神可以说是最主要、最鲜明的特征。传统文化的人文精神有两个显著特点:一是高扬君权、重视师教而淡化神权。中国人崇拜天地君亲师,天地是万物的生命之源,君和师是教化的根源,亲是人的祖先和生命的来源。在传统文化中,"天"和"地"并不是西方宗教观念里的神,至高无上、全知全能的神在传统文化中是没有的。二是传统文化高扬明道正义,强调人的道德的自我提升和完善,在人的物质生活和精神生活中,更重视后者,重视精神境界的提升和人格的完善。在传统文化中,明道、正谊、节制物欲、完善自我人格等观念深入人心。不但如此,楼宇烈还认为西方人文主义的两次发展都与中国的传统人文精神有着相当密切的关系。启蒙运动时期,西方分别从古希腊、罗马文化和东方文明中汲取营养,传统文化对启蒙思想家产生了很大影响;第一次世界大战以后,西方提出了"新的人文主义"的主张,提出要到东方的古老文明中寻求思想资源。中国人民大学方立天认为,中国国学之魂,中国学术的根本精神就是人文精神,就是中华人文精神。他的根据有三方面:一是从中国国学的内容结构来看,文学、哲学、史学、伦理道德学说等人文科学是主体,这就突出地表现了中华人文精神在国学中的显著地位;二是从中国国学的历史发展来看,可以大体归结为儒、道、佛三教的演变史、关系史,而三教的根本学说是教化人、成就人的理想人格;三是从中国国学的核心观念来看,国学所包含的人生观、社会观、世界观归根到底是实现人的价值——满足人主体的需要和精神追求。中国的价值观可以说是中国国学的根本思想,也是中华人文精神的基本内涵。相反,在马克思主义理论界,有人认为把传统文化的根本精神概括为人文精神。一种文化传统绝不是一种单纯的"思想传统"或"学说传统",必须考虑与之相契合的社会历史(制度)现实。判断一种思想文化是否在根本上有"人文精神",不能单凭其有无"开明话语系统"。否则,我们就无法解释儒学(理学)传统中大量出现的"以理杀人"("以礼杀人")现象。同时,马克思主义理论界也有人认为传统文化本身极其繁杂,很难概括出它的根本精神。

以上看法似乎都有各自的道理,但笔者认为,虽然传统文化流派众多、极其繁杂,甚至各家之间差距很大,虽然作为传统文化主体的儒家思想后来被董仲舒以及宋明理学家宗教化、政治化、封建化进而出现大量"以理杀人"的现象,虽然佛家思想是一种宗教,但从儒、道、释所构成的传统文化主要内容以及各家的内在气质来看,仍然可以将传统文化的根本精神概括为人文精神。

具体来看,传统文化的儒家和道家的人文精神是十分明确的。儒家学说总体上看就是帮助人树立积极入世的人生观和价值观。道家虽然相比儒家有些消极,特别是庄子的学说带有明显的出世意蕴,但庄子的思想以其对逍遥游的追求透彻鲜明地体现出对人的精神世界的关怀。庄子思想对中国人的影响十分深远,正如李怀宇所言,两千多年来,《庄子》深刻地影响着每个阶层的中国人,尤其为中国知识分子开辟了一个极富弹性的人格缓冲区,当他们在政治宫掖、人生建树等方面遇到挫折、失意之时,总能在庄子的作品中找到皈依和平衡。实际上,老子的《道德经》也在一定程度上具备这种功能。可以说,传统文化的儒家和道家思想形成了互补,儒家鼓励人"修身、齐家、治国、平天下",鼓励人积极入世,在这一过程中遇到挫折时,道家的老子、庄子思想却是我们心灵的港湾。所以,南怀瑾把儒家比喻成粮食店,这是每天都要去的;把道家比喻成药店,没有病时可以不去,一旦有了病则非去不可。

二、中国传统文化的"三分法"

毛泽东在 1940 年的《新民主主义论》中,在谈到对待传统文化时指出,"剔除其封建性的糟粕,吸收其民主性的精华"。自此以后,"取其精华,弃其糟粕"成为我们继承弘扬传统文化的基本原则。毛泽东的这一主张是正确的,不光是对我们自己民族的传统文化,对于人类创造的所有其他文化,都应该结合我们自身实际,取其精华,弃其糟粕。但是,多年来,我们对毛泽东这一论断的理解简单化了,好像传统文化就是由精华和糟粕两部分构成。一个思想不是精华,就是糟粕,精华和糟粕可谓"泾渭分明"。现在看来,这种两极对立的划分方法过于简单,也不符合传统文化本身的事实,在实际操作中会遇到很大困难,容易把本来应该继承弘扬的内容当作糟粕简单地抛弃。

其一,这种划分方法的方法论原则是"一分为二"。"一分为二"一定程度上体现了辩证法,但是又把辩证法过于简化了。如果从矛盾的角度看,"一分为二"是指要看到矛盾的两个方面,既要看到主要矛盾也要看到次要矛盾、既要看到主要矛盾方面也要看到非主要矛盾方面,这个意义上的"一分为二"是科学合理的。但是如果从事物的存在状态上来看"一分为二","一分为二"在很多情况下只看到了事物的两个极端状态,并没有看到事物大量的中间状态,并没有全面反映事物存在的客观情况。现实中,我们也经常容易在"不是好就是坏、不是黑就是白、不是资本主义就是社会主义"的两极对立中思维。辩证法既是客观事物的规律,也是人们对客观事物的认识。我们应该一分为几地看待事物根本上决定于事物本身是一分为几。客观事物往往是一分为多的,而一分为二在很多情况下只看到了事物的两个极端状态,这不符合客观实际。"现代科学和社会实践的发展,使人们越来越认识到,这种非此即彼的二值逻辑,只是反映了事物的两种极端状态,它们实际不过是一些特例,事物的常态更近似于从零到一的连续值分布,大量的事物都处在两极之间的某种状态。这种从二值逻辑到连续值逻辑的跃迁，更符合事物的本来面目，也是对矛盾学说的发展。"

其二，"一分为二"的划分方法没有反映出传统文化本身的真实面貌。传统文化是精华与糟粕纠缠在一起的矛盾统一体，这个统一体是极其复杂的。有些思想从这个角度看是精华，从另一角度看就是糟粕；有的思想精华多糟粕少，有的思想糟粕多精华少。如果完全坚持一分为二的方法，就会有很多内容无法做出正确的评价，无法继承弘扬，容易造成思想的混乱。所以，传统文化是一分为多的，这是事实。但是，传统文化本身虽然是一分为多的，我们在对待它时也无法坚持一分为多，因为这在实际操作中同样无法做到。所以，我们分别把两个极端即精华和糟粕（即零和一）作为两端状态的基础上，再把中间所有的精华和糟粕的混合（即零和一之间）作为一种状态，坚持用"一分为三"的方法，可能更好一些，因为这样既基本上符合事实，同时又不至于把问题搞得过于复杂，在实际操作中也切实可行。这里所说的"一分为三"，既是对传统文化的划分原则，也是正确对待传统文化的方法论原则。从划分原则来看，"一分为三"反映的是传统文化的存在状态和本来面貌，实质是"一分为多"；从方法论原则来看，"一分为三"是我们对待传统文化的正确方法。客观辩证法决定主观辩证法，传统文化的本来面目是"一分为三"的，所以我们也应该"一分为三"地看待传统文化。

传统文化中的精华思想，是传统文化中最为重要的部分，也是我们继承弘扬的重点。比如传统文化中所承载的优秀的中华民族的文化精神：自强不息、刚健有为，尊道贵德、厚德载物，经世致用、实事求是，爱国主义、忧患意识，民贵君轻、以人为本等，都是我们永远都要大力弘扬的。比如孔子的仁学思想，老子的辩证法思想，孟子的大丈夫思想，墨子的非攻尚贤思想等，都是传统文化中的瑰宝。需要指出的是，即使这些传统文化中的精华部分，一般来说，也有不尽科学合理之处，在今天也不能直接拿来运用，往往要和具体的实际情况、与今天的时代精神、与人民群众的实际利益结合起来，在做出新的说明和发挥以后才能应用。对于传统文化中的完全糟粕部分，我们要坚决地加以剔除。比如封建纲常伦理、封建迷信、官场厚黑学以及传统文化对独立人格的压制、对妇女的歧视等，决不能以弘扬传统文化的名义使它们死灰复燃。

传统文化的中间部分，即零和一之间的第三部分，在传统文化中占据着相当大的比重，是传统文化的大部头，不对这一部分加以分辨，传统文化将有很大的成分被抛弃。人们今天对传统文化有争议，一定程度上也体现在对这一部分的认识上。无论是整理挖掘传统文化，还是继承弘扬传统文化，其难度和重点也在这一部分。

今天，有些马克思主义思想家和学者认为把传统文化的"天人合一"思想抬得太高，"把当代人的理解全部挂在古人的名下，甚至对其明显的错误极力辩解、极力拔高并加以粉饰"。这要具体地看，如果不加分析地笼统讲"天人合一"，确实拔高了；如果具体分析找出其中的科学性和价值性，那么我们今天所要的"天人合一"，古人确实讲到了。这也体现了传统文化的复杂性。

中庸是儒家思想的根本方法论，在传统文化中占有重要地位。两千多年里，它深刻地影响着中国人的思维方式、行为方式和价值取向。今天，人们对这一思想的争议颇大。一些从事"国学"研究的人，大力宣扬中庸思想，把它完美化，认为只要按照中庸办事，就什么都会解决好，中庸可以解决今天遇到的所有问题。另一些人（其中包括一些从事马克思主义研究的人）认为中庸是"老好人""和稀泥""和事佬"的代名词，认为中庸就是折中主义，就是不讲原则。两种看法各执一端。

学术上普遍认为中庸最初是孔子提出的，但尚"中"的思想在孔子以前就已经颇为流行。《论语》中记载尧在传位给舜时对舜讲："咨！尔舜！天之历数在尔躬，允执其中。四海困穷，天禄永终。"舜在传位给禹时也对禹说了同样的话："舜亦以命禹"。《孟子》记载："汤执中，立贤无方。"《尚书》记载，周公提出"中德"，主张在折狱用刑时要做到"中罚""中刑""中正"。后来，孔子明确提出中庸，实际上既是对以前尚"中"思想的总结，也是孔子多年人生经验的总结。《论语》中描述中庸虽然只有一次："中庸之为德也，其至矣乎！民鲜久矣。"但是孔子在其一生的理论和实践中却始终贯彻了这一思想。孔子生活在从春秋向战国急剧迈进的礼崩乐坏时代，中庸是他面对"王室衰微、诸侯争霸、大夫专权、陪臣执国命"的现实开出的一个救济之方。中，就是中正，中和；庸，就是用，就是常。中庸就是"用中为常道也"。《礼记·中庸》是发挥了孔子中庸思想的著作，其中讲到中庸就是："执其两端，用其中于民。"

中庸强调用稳妥平和的方式解决矛盾。事物的发展分为量变和质变阶段，在量变的过程中，为了使事物的发展处于一种良好的内外部环境，用稳妥平和的方式手段对待事物内部各要素之间的关系以及事物与外部各事物之间的关系，这无疑是合理的，中庸在这个时候是有积极意义的，这里体现着中庸的辩证法要素，也是中庸的精华所在。艾思奇说："若把中庸当作事物存在的原理之一看，那就用今日的哲学标准来衡量，它仍可以保持其一面的真理性。"同时，矛盾的解决毕竟不能只是一种手段，事物的发展毕竟不能总处于量变过程中，到了旧的矛盾统一体要打破的时候，到了矛盾一方该吃掉另一方的时候，到了矛盾双方该同归于尽的时候，如果还坚持中庸，把矛盾对立面的统一凝固化，坚持折中主义，反对转化，反对质变，就必然要阻碍事物的发展，阻碍新事物的产生。这是中庸的反辩证法所在，也就是中庸的糟粕部分。宋明理学家把中庸神圣化，无限提高其地位，从本体论上讲中庸，这也是错误的。所以，毛泽东认为，"中庸思想是反辩证法的，他知道量变质，但畏惧其变……他只是辩证法的一要素，……而不是辩证法。"

三、中国传统文化的优点

对传统文化继承发展的前提是对其进行精华与糟粕的鉴别。在传统文化中，何谓精华？何谓糟粕？鉴别的标准是立足时代条件和中国实际基础上的科学标准和价值标准。总体上看，传统文化中凡是与时代精神不违背、具有现实意义、能够促进当代中国"五个文明"（物质文明、精神文明、政治文明、社会文明、生态文明）建设的思想，都是我们应当秉承的内容。具体看，对传统文化的判断取舍要坚持科学标准和价值标准。用这样的标准来看传统文化，会出现以下三种情况。

第一种情况是科学性与价值性的统一。比如传统文化在本体论、生成论、辩证法、认识论等方面，一定程度上都体现出科学真理性，在今天仍然具有较强的价值性，这部分内容体现了科学性与价值性的统一，无疑属于精华部分。

第二种情况是科学性蕴含在价值性之中。人文学是传统文化的主体内容，人文精神是传统文化的根本精神。人文学的最大特点是凸显其价值性，科学性往往蕴含在价值性之中，往往被价值性所覆盖，这也体现了科学性与价值性的统一。比如，儒家所讲的道德学说，要求人要求善、向善，要坚持仁、义、礼、智、信。抽象地看这些内容，在任何时代都具有积极的价值，但是如果非要对其进行类似自然科学和社会科学的求证，似乎很困难。其实，在这些价值性真理中，科学性蕴含在价值性当中，价值性中体现了科学性。因为，人们如果都能够按照这些要求立身行事、为人处世，社会就和谐，历史就进步，也就证明了其科学性。

第三种情况是科学性与价值性不统一。在传统文化中，很多思想论断具有积极价值，但得出这些思想论断的前提是不科学的或者缺乏科学性；有的思想论断是通过"观物比德"的类比方式得出的，是通过比喻论证得出的，而比喻论证不是严格意义上的科学论证。对于这部分内容，我们应当取其结论。因为这部分内容在传统文化中占很大比重，一定程度上，如果不能正确对待这部分内容，就不能对传统文化做出合理的评判。

《周易》当中有很多宇宙人生的"大道"，表达了"彰往察来"的深刻道理，但这些内容很多都是从象数中推导出来的，而象数本身缺乏科学性。在《易经》中，"有明显地将自然现象和人事结合起来思考的倾向。如卦象本身就具有自然现象和人事的双重意味，它既是自然物的象征，又是人事的象征。卦爻辞中也经常将自然物和人事进行类比。"推天道以明人事在《易传》中体现得更为明显。易家认为，做人的最高标准是君子，而君子的标准则来源于天地运行的 64 种自然现象所提供的启示。64 种自然现象体现的是天道，作为最高的人道的君子标准就来源于天道。在《易经》64 卦的《象传》中，有 53 卦讲君子应当如何取法天道。比如谦卦，卦象是"地山谦"，上为坤为地，下为艮为山。山本来应该在地的上面，现在却到了地的下面。于是易家从中受到启示，认为君子应当卑退为义，屈己下物。并认为，君子以此待物，则所在皆通，结果必然亨通。这里的君子之道完全来自于自然天道的启示。再比如大有卦，卦象是"火天大有"，上为离为火，下为乾为天。火在天上燃烧，天下的一切都被照得通明，任何东西也无法掩藏。易家从中得到的启示是君子应当对世间的一切善恶看得清楚明白，在此基础上要遏恶扬善，顺天休命。这里的君子之道也是来自于自然的启示。可以说，《周易》中每一卦的《象传》所得出的君子之道的结论，都是通过"观物比德"的类比论证得出的，这种类比论证明显缺乏科学性，甚至有将高级运动归结于低级运动的嫌疑，但是结论无疑是有价值的，我们应该取其结论。

在明确精华与糟粕的取舍判断标准基础上对传统文化的继承发展，就是结合时代精神和中国实际对传统文化的精华进行马克思主义的说明发挥。"思想的继承有多种表现形式，大体来说，可分为单纯思想形式的继承、单纯思想内容的继承和形式与内容的综合继承三大类型。"

关于思想形式的继承，这种继承方式主要是利用传统文化语言的思维外壳，然后赋予全新的马克思主义含义，即"旧词新用""旧瓶装新酒"。比如，毛泽东所讲的实事求是与班固所讲的"修学好古，实事求是"几乎完全不同。班固所讲的"实事求是"是指做学问的尊重事实态度，这与毛泽东所讲的在弄清客观事实基础上探索客观世界的发展规律已经完全不同。邓小平进一步用实事求是指称马克思主义哲学，这就离"修学好古，实事求是"更远了。所以，我们今天所讲的实事求是与传统文化所讲的"实事求是"的关系，几乎完全是思想形式的抽象继承。再比如邓小平的小康理论与传统文化的"小康"思想有一定的继承关系，但这主要是利用中国人民在历史上形成的小康情结、小康心理，很大程度上是对"小康"这一思想形式的继承，邓小平的小康理论与传统"小康"思想在内容上并没有太大的关系。当然，绝对百分之百思想形式的、一点思想内容也不包含的继承，也是不存在的。所谓思想形式的继承，指的是继承与被继承之间在思想内容上的包含性、关联性十分微弱。

对传统文化思想形式的继承，类似于冯友兰所说的"抽象继承"。冯友兰在20世纪50年代末，在"极左思潮"的历史背景下提出的一个命题。这一命题一经提出，即遭到普遍的反对和批判，成为当时学术界的一桩公案。但是冯友兰始终没有屈服，一直坚持着他的观点。1957年1月8日，《光明日报》发表了冯友兰的文章，题目是"关于中国哲学遗产的继承问题"。他说："我们近几年来，在中国哲学史的教学研究中，对中国古代哲学似乎是否定的太多了一些。否定的多了，可继承的遗产也就少了。我觉得我们应该对中国的哲学思想，做更全面的了解。在中国哲学史中，有些哲学命题，如果作全面的了解，应该注意到这些命题的两方面的意义。一是抽象的意义，二是具体的意义。……什么是命题的抽象意义和具体意义呢？比如《论语》中所说的'学而时习之，不亦说乎'，从这句话的具体意义看，孔子叫人学的是诗、书、礼、乐等传统的东西。从这方面去了解，这句话对于现在就没有多大用处，不需要继承它，因为我们现在所学的不是这些东西。但是，如果从这句话的抽象意义看，这句话就是说，无论学什么东西，学了之后，都要及时地、经常地温习和实习，这就是很快乐的事。这样的了解，这句话到现在还是正确的，对我们现在还是有用的。"冯友兰的这一命题是科学的，因为包括马克思主义在内的任何一种包含科学真理的思想理论，都是抽象和具体、一般和特殊的统一。所谓"抽象""一般"，指的是思想理论中包含的普遍真理和普世价值；所谓"具体""特殊"，指的是思想理论在不同的时代条件下具有不同的内涵和表现形式。我们对历史上产生的任何一种思想理论，都包含继承其"抽象""一般"，然后与我们所处历史条件下的"具体""特殊"结合在一起，只有这样才能使思想理论发挥出指导作用。

关于思想内容的继承，这种继承不是继承传统文化的思想形式的语言，而是利用其内容。比如，我们在讲马克思主义哲学的矛盾范畴时，经常引用传统文化的阴阳范畴来说明比拟矛盾双方；在讲矛盾的普遍性时经常引用传统文化的"一阴一阳之谓道"；在讲矛盾双方的同一性时，经常引用老子的"有无相生，难易相成，长短相形，高下相倾"；在讲辩证法的发展观时，经常引用《周易》中的"穷则变，变则通，通则久"；在讲形而上学时，经常引用董仲舒的"道之大原出于天，天不变，道亦不变"，等等。这种情况的继承，一般只在马克思主义与传统文化同时具备这样的思想内容时，才会出现。如果是传统文化的独有，则不会出现。

关于思想形式与思想内容的综合继承，这种继承在马克思主义与传统文化的融合中占主要地位，而且随着两者融合的深入，其地位会越来越突出。"就思想内容的继承而言，表现形式也非常之多，既有原型继承和变异继承的区分，又有大部分继承和少部分继承的差异，还有主要内容的继承和次要内容的继承的不同。"其一，有的是原型继承，有的是变异继承。关于原型继承，比如"己所不欲，勿施于人"的忠恕之道，"和而不同、协和万邦"的"和合"思想，"自强不息、刚健有为"的进取精神，"先天下之忧而忧、后天下之乐而乐"的忧患意识，"谦受益，满招损"的卑以自牧主张等。这些内容很多。关于变异继承，比如传统文化中"忠"的思想，指的是忠君尊王，在今天我们无疑也要讲"忠"，但主要指的是忠于祖国、忠于人民、忠于党、忠于事业、忠于科学等。同时，也包含着对领袖、领导、上级的积极的忠，而不是绝对的、无条件的愚忠。这既是对传统忠君尊王思想的合理性因素的吸收，也是对其扬弃和发展。这里所说的变异继承，实际上是在吸收其原来合理性的基础上对其进行了更大程度、更大范围的发展。其二，有的是大部分继承，有的是少部分继承。关于大部分继承，比如中国传统哲学的辩证法思想，大部分是合理的，与马克思主义辩证法是一致性的，是我们必须加以继承的。关于少部分继承，比如中国的道教、佛教思想中，也有少部分合理积极的因素，是我们应当加以继承的内容。其三，有的是主要内容的继承，有的是次要内容的继承。关于主要内容的继承，比如儒家所主张的"仁、义、礼、智、信"，体现了处理人与人之间关系的基本准则，这是"仁、义、礼、智、信"思想的主要内容。同时宋明理学家又将其上升到宇宙本体的高度，从而走向反面，这是该思想的次要内容。我们继承的是其作为处理人与人之间关系准则的主要内容。关于次要内容的继承，比如以人为本理念体现了对传统文化的"以人为本""民本"思想的继承，但传统的"以人为本""民本"思想的主要内容是在家天下的背景下，封建统治阶级为了维护自身的统治而采取的一种统治手段，根本目的是维护封建统治。传统"以人为本""民本"思想虽然也体现了对下层百姓的一定程度的"关爱"，但这是次要内容，不是主要内容。以人为本理念正是对这一次要内容的继承。

第二章　传统文化与大学生思想品德教育的概论

第一节　传统文化对思想品德教育提供有利资源

一、优秀传统文化蕴含着丰富的大学生思想政治教育内容

中国优秀传统文化博大而深邃，在历经几千年的历史沉浮之后，仍然具有极强的生命力和感召力，仍能为当今大学生思想政治教育提供丰富的思想政治教育资源，丰富大学生思想政治教育内容。

（一）天下兴亡、匹夫有责的爱国思想和社会责任感

中华民族在数千年的悠悠历史长河中历经坎坷，中华民族体现出强大的生命力、感染力以及凝聚力，它如松柏一般傲然挺立于世界民族之林，这都源于中华民族世代相承的爱国主义传统和高度的社会责任感。中华民族的爱国主义传统和社会责任感是中华民族历史上的瑰宝，是优秀传统文化中的精华所在，激励着无数的中华儿女为了祖国和人民的前途和命运奋勇向前，甚至不惜牺牲自己的生命。

诸葛亮"鞠躬尽瘁，死而后已"；司马迁"常思奋不顾身，而殉国家之急"；陆游"位卑未敢忘忧国"；范仲淹"先天下之忧而忧，后天下之乐而乐"。文天祥奋死抵抗元军失败后被俘，他唱出"人生自古谁无死，留取丹心照汗青"，大义凛然；面对祖国山河即将破碎，岳飞"精忠报国，死而后已"的爱国精神让后人为之震撼。这种强烈的爱国精神和社会责任感生生不息，激励着千千万万的中华儿女。林则徐在内忧外患之际，没有因为害怕而逃避自己的国家重任，毅然于虎门销烟；谭嗣同在戊戌变法失败后，在就义时大呼"我自横刀向天笑，去留肝胆两昆仑"；伟大的周恩来总理从青年时候便发誓"为中华崛起而读书"；改革开放的伟大设计师邓小平把自己当成是人民的儿子，对祖国和人民有着强烈的热爱之情。无数仁人志士的血脉中，都流淌着中华民族的

优秀传统文化基因，他们都有崇高的爱国主义精神和高度的社会责任感。

从古至今，爱国主义始终都被认为是对自己国家的一种特别强烈的感情，它与为国奉献、对国家尽责紧密地结合在一起，它是一种崇高的思想品德，同时，它也是我们每个公民最基本的行为规范。因此，我们应该把国家和人民的前途和命运与自己紧密地联系起来。大学生思想政治教育把培育"四有"新人作为自己的目标，从而实现人的自由而全面的发展，爱国主义和社会责任感教育是实现人的自由而全面发展中不可或缺的一部分，优秀传统文化中包含的爱国情怀和社会责任感使得思想政治教育内容进一步丰富。

（二）自强不息的进取精神

中华民族经历了一次一次的朝代更换，经历了各种内忧外患，但是中华民族依然能统一并立足于世界民族之林，关键在于中华民族具有自强不息的进取精神。自强不息的进取精神不仅在过去激励着中华儿女不畏艰难、勇往直前，而且现在也激励着人们为了实现中华民族的伟大复兴而努力奋斗，它是中国优秀传统文化的一部分，是优秀传统文化的精神内核。

在中国文化的发展过程中，存在着好多脍炙人口的关于自强不息的故事。如尽管被人嘲笑为"愚蠢"的愚公，为了方便自己及全村人外出，明知艰难，但仍毅然试图把横亘在自家门口的两座大山移除，希望通过子子孙孙的努力，把山彻底铲平，这就是著名的"愚公移山"的故事。然而，不管是"愚公移山"的寓言故事还是"精卫填海""夸父逐日"的神话故事，或是"大禹治水"的历史典故，社会主义建设时期的"航天精神"，都蕴含着中华民族在困难面前不低头、自强不息的积极进取精神。

我国处于并将长期处于社会主义初级阶段，并且正处于社会改革发展的攻坚时期，在这个过程中，必然会遇到一些艰难，然而当代大学生大多属于90后、00后，享受着改革开放的胜利成果与实惠，但是心理承受能力以及抗挫折能力还不够。当代大学生作为21世纪的接班人，作为中国特色社会主义建设事业的未来栋梁，必须要有迎着困难前进的自强不息的积极进取精神。以中国优秀传统文化中自强不息的积极进取精神作为大学生思想政治教育内容，必将激励着广大大学生积极投身于中国特色社会主义建设，在努力实现中华民族伟大复兴的征程中展现顽强的生命力和意志力。

（三）天人合一、以和为贵的和谐精神

构建一个和谐社会，是千百年来人们共同的社会理想。早在春秋战国时期，孔子就提出"天下为公"的"大同"社会理想。大同社会，也就是孔子以及人们所追求的和谐、至善、至美的社会。和谐是中国优秀传统文化的精髓所在，在中华民族的历史上，许多思想家、哲学家、政论家等从不同角度对"和"做出了解释，如孟子提出"天时不如地利，地利不如人和"，就把人与人的和谐提高到一个重要的地位。

作为传统文化精髓的和谐属于一种关系范畴，它主要表现在人与自然、人与人以及人与自身的关系上。首先，和谐表现在天人之间或天地人三者之间的和谐。在中国古代哲学史中，天是指包括人在内的世界万物的本原，正如荀子所说的："天地合而万物生，阴阳接而变化起"。天地孕育了世界万物，人作为万物的一部分，理当珍爱和保护自然，与自然和谐相处。孟子在与梁惠王辩论时所说的："不违农时，谷不可胜食也；数罟不入洿池，鱼鳖不可胜食也；斧斤以时入山林，材木不可胜用也。"就正确认识到了人与自然之间的依赖关系，告诉人们要根据天时（自然规律）进行农业生产，不能对大自然进行过度索取，要与自然和谐共处。在《礼记·王制第五》中也提出"天子不合围，诸侯不掩群"，指出田猎要适度，管子的"得天之时而为经"也是主张要顺应天时地利的变化规律。种种这些，都体现了自古以来要与自然和谐相处的思想。在优秀传统文化中，不仅对这种人与自然之间的和谐非常注重，还非常注重人与人之间的友好、和谐相处。大到整个社会跨越阶层，以和谐的价值理念进行人与人的交往，如墨子的"兼爱"思想。儒家学派创始人孔子不仅提倡"仁者，爱人""己所不欲，勿施于人"，而且还在《礼记·礼运》中描绘了一个"天下为公"的和谐、至善至美的大同世界，孔子希望能把家庭的这种亲情关系推及到社会，推己及人，从而达到社会的井然有序。最后，和谐还表现在崇尚人自身的和谐上。在中国优秀传统文化中，一个人只有内外兼修，才称得上是一个具有理想人格的人。以孔孟为代表的儒家就奉行对外以仁爱、诚信等的处世原则，对内则要求自省和慎独。如孔子就严格要求自己"吾日三省吾身"。在生与义面前，要"舍生而取义"，在贫穷、富贵、权势面前，要"不义而富且贵，于我如浮云"等。这些都是身心和谐的典范。

和谐强调的是不同事物以及不同事物的不同元素之间的协调、协同与配合，从而达到"和而不同"的状态。然而，随着社会的进一步发展，资源紧缺、环境污染严重、生态系统的净化能力减退等生态环境问题日益凸显。在大学校园中，乱扔垃圾、随地吐痰等现象屡屡发生。除此之外，随着科学技术的发展以及社会竞争的加剧，各种压力的接踵而至，人与人之间逐渐变得生疏与冷漠，甚至有些大学生为了一件小事而大打出手甚至闹出人命。伴随着逐渐加快的社会节奏而来的，是有些大学生变得浮躁和自利，甚至出现心理疾病等。将优秀传统文化中天人合一、以和为贵的和谐精神作为思想政治教育的内容，既是实现思想政治教育生态价值的要求，也是促使大学生实现自由而全面发展的需要。因此，天人合一、以和为贵的和谐精神丰富了大学生思想政治教育内容。

（四）诚信友爱的优秀道德品质

自古以来，中华民族就是一个讲求诚信、友爱的民族，把诚信友爱作为个人修身立德的一个重要方面。因此，作为中国优秀传统文化的重要内容，诚信友爱就被作为中华民族的传统美德而被千古传颂与流传。

诚信，也即诚实守信，它是我国传统文化的精华。儒家学派创始人孔子就非常注注重诚信道德品质的养成，认为"民无信而不立""内不欺己，外不欺人""人而无信，不知其可也"。孟子在《孟子·离娄上》中也说道："诚者，天之道也；思诚者，人之道也"。这就说明了诚信是为人的基本规范。诚实守信是为人处世中必须要遵守的一个基本原则，因此，在我们的生活中，"与朋友交，言而有信"（论语·学而）、"言必行，行必果"（论语·子路）、"君子一言，驷马难追"。在我们的生活中，哄小孩是再正常不过的事情，然而，曾子杀猪的故事却给了无数家长以震撼。除此之外，还有商鞅立木建信、季布一诺千金等故事。不管是颇富哲理的名言警句还是生动形象的寓言故事，都蕴含着诚实守信的道德品质。

友爱是指团结友爱、对人和善与宽容，从而达到"厚德载物"的宽广胸襟。在中国优秀传统文化中，提倡与朋友交要真诚，要"有朋自远方来，不亦说乎？"在家庭中，我们应该对自己的亲人爱护有加，要尊老爱幼。同时还提倡不仅要对自己的亲人和朋友爱护有加，对别人甚至是陌生人，也应该爱护有加。在给予别人关爱之余，还应该予人以尊重和宽容，如孔子的"己所不欲，勿施于人"就是最好的例证。无论是墨家的"兼爱，非攻"思想还是儒家学派的"仁者爱人"观念，都蕴含着优秀传统文化中对友爱的优秀道德品质的追求。

然而，当今大学生中故意拖欠学费、考试舞弊、论文抄袭或找枪手代写、伪造个人简历、骗取助学金、篡改成绩单等诚信缺失的现象屡见不鲜；公交车上不给老弱病残让座、同学之间为一点小事大打出手、以个人为中心、自私自利、看不起家庭条件差的同学等缺乏友爱的现象也屡有发生。作为社会主义的接班人，当代大学生必须把诚信友爱作为人生的道德追求，作为自己为人处世的根本准则。当代大学生诚信友爱的道德品质的形成与社会主义和谐社会的建设密切相关，关系到大学生思想政治教育实效的增强。中国优秀传统文化中关于诚信友爱精神以及生动的人物故事，为大学生思想政治教育提供了不同类别的教育题材。

二、优秀传统文化中蕴含着丰富的大学生思想政治教育方法

中国优秀传统文化博大精深，不仅思想政治教育内容丰富，同时，其中的一些教育方法也值得我们大学生思想政治教育所借鉴。

（一）言传身教法

自古以来，中国就非常注重教育者的言传身教对受教育者的影响。韩愈认为："师者，所以传道受业解惑也。"即给学生讲授知识和做人的道理，为学生解答困惑是作为一个老师必须要履行的职责。除此之外，教育者还要以身作则，起到表率作用。孔子认为，作为统治者，"其身正，不令而行；其身不正，虽令不从"。要出类拔萃，以身作则，树立理想人格，成为一个道德表率。作为教育者，孔子认为要严格要求自己，每天要三省吾身，要"学而不厌，诲人不倦"，以这种精神与人格给学生树立榜样。

随着社会主义市场经济的发展，大学生的主体意识增强。在大学生思想政治教育过程中，教育者单纯地进行理论说教的教育效果不显著，尤其是大学教授学术抄袭等丑闻的频频爆出，更使得大学生对教育者的理论说教怀有抗拒心理。因此，相比于单纯的理论说教，教育者在平常的生活中以身作则，率先表率，以自身的人格与优秀道德品质感染受教育者更能使大学生信服，从而增强大学生思想政治教育效果。所以，言传身教的方法仍未过时，仍值得我们借鉴。

（二）因材施教法

所谓因材施教法，就是指教育者结合学生的特点，采取不同的方法进行教育。因材施教，最先由孔子对学生实施，他也严格按照此教学法进行施教。他认为："不患人之不己知，患不知人也""不知言，无以知人也"，因此，要了解学生，就要"观其言"，除此之外，他还认为，要了解一个人，还必须"视其所以，观其所由，察其所安"。在了解了学生之后，还要针对各自的情况使用不同的教育方法。一是针对智力水平将学生分为"上智""中人""下愚"（《论语·阳货》）三类，采取与智力水平相符的教育方法；二是针对学生所具有的性格特征实施教育；三是依据学生所具有的年龄特征、兴趣爱好实施教育。因材施教的方法是孔子遗留下来的十分珍贵的思想财富，是优秀传统文化的一部分。

当代大学生有着不同的家庭背景，来自不同的地区，性格以及风俗习惯不一，思想政治水平也不一，因此，教育者要根据学生的特点，采取不同的教育方法，才能提高大学生思想政治教育实效。因材施教方法就给当代大学生思想政治教育提供了借鉴。

（三）克己内省法

中华民族拥有几千年光辉灿烂的文化，中国是一个美德之邦，重视道德人格的自我修养。克己内省是指一种思想深处的自律修养，是以一定的道德标准来进行自我反省，对自己的言行进行自我约束。自省就是要进行自我反省，这是中国优秀传统文化中的一个重要内容。如儒家学派就特别倡导这一道德修养的方法，"吾日三省吾身，为人谋，而不忠乎？与朋友交，而不信乎？传，不习乎？"同时，还主张"见贤思齐焉，见不贤而自省也。"即要发现别人的长处并学习，要把别人当作镜子一般，以别人来照照自己，看是否存在类似的缺点，有的话就要改正，没有的话就要勉励自己继续保持。在自省之后，还要克己，要以道德标准来规范自己的言行举止，即道德实践。如孔子的"克己复礼为仁"，就认为如果一个人能使自己的思想和言行都能符合"礼"的要求，那么这就是仁了。同时，在这个克己的过程中，要做到慎独，即没有人在的时候也能严格要求自己，不做违背道德准则和社会规范的事情。《礼记·中庸》中就提出："莫见乎隐，莫显乎微，故君子慎其独也。"这些都充分表明在中国的文化史上，非常重视心诚、自觉、自律。

马克思主义认为，人具有主观能动性，而随着社会主义市场经济的深入发展，大学生的主体意识增强，单向的思想政治教育灌输效果不佳，各种造假现象仍有发生。因此，我们可以借鉴优秀传统文化中的克己内省的德育方法，使大学生的主体性得以充分发挥，以社会主义的政治观点、思想观念和道德规范为准绳，引导他们自我反省和行为约束，这样，大学生思想政治教育效果将会大大增强。

第二节　传统文化与思想品德教育相结合的必然性

一、有利于为思想政治教育者提供一种有效的教育渠道

高校思想政治教育如果还沿用以往的套路——教育者单纯地教授马克思理论知识，照本宣科地灌输国家的政策方针等，就可能面临流于空谈的危险。而非物质文化遗产为高校教育者提供了一种有效的教育渠道，"非遗"像一所神奇的魔法学校，它产生的课堂轰动效应是其他载体所不可比拟的。一方面，它可以拓展大学生的思维领域，激发他们学习的创造性、积极性。在世界非物质文

化遗产名录里，几乎涵盖了各领域的名作，如民间文学、传统音乐、民俗节日、传统手工技艺等。如果教育者能适时地把这些传统元素和思想政治教育相结合，那么对激发大学生的学习兴趣、提升他们的道德素养大有裨益。例如，经典的戏曲艺术，在内容上稍加创新，融入更多的人情世故、伦理道德，也是一种很好的教育资源。思想政治教育中融入"非遗"元素，既为大学生打开了一扇了解艺术的窗口，又加深了大学生对思想政治教育内容的理解和认同。另一方面，它可以增强课堂的文化气息，调动大学生学习的主动性。当今大学生求知心切，渴望自己成为有文化、有内涵的人。

例如，2006年被申请为国家级非物质文化遗产的河间歌诗，诗经的大部分被广泛流传。在当地还出现了各种风格的诗人群体，形成了爱诗、写诗的浓厚文化氛围。如果教育者能巧妙地把诗歌的元素融入思想政治教育中，那么思政课堂的文化气息将变得浓厚；在唤醒大学生文化自觉意识的同时，也能极大调动大学生学习思想政治教育的积极性、主动性，这是一种新的尝试和探索。当受教育者主观上不排斥所接受的内容时，教育者就能顺利地开展工作了，整个教学活动才能有目的、有计划、有效率地完成。

二、有利于应对社会转型对我国大学生思想政治教育带来的挑战

中国正处在社会转型的关键时期，开始逐渐地从计划型经济转向市场型经济，从传统社会转向现代社会，从保守性社会转向开放性社会。由于转型期的异质性、形式主义，人们形不成统一的信仰观念，他们的人生态度、思想观念、道德意识、利益倾向等发生了很大调整，越来越信奉"享乐主义""拜金主义"。

1978年之后我国实行对外开放政策，和其他国家的交往越来越频繁，各领域都要求"走出去、引进来"。随之，西方国家的一些腐朽思想也趁机接踵而来，处在时代前沿的大学生好奇心强烈，一定程度上更愿意接受新鲜事物，所以西方的各种理念严重影响了信念不坚定的大学生。西方洋文化里金钱至上、追求享乐的奢靡思想不请自来，大学生开始崇洋媚外，重视西方的节日，忽略中国的传统节日等。在这种严峻的形势下，青年学生没有能力自己保护自己，逐渐失去了理想和追求，变得趋炎附势。

当前，我国社会主义市场经济蓬勃发展，社会发生了转型，经济得到了转轨。市场经济模式充分调动了个体的积极性，给社会注入了活力；与此同时，人们开始追求"自我价值"，享受越来越多的物质，这就给传统的价值观念和道德准则带来了冲击。一方面，"市场经济引起的'世俗化'——个体行为的短

期化和利益化冲击着校园环境"，干扰了大学生的理想和信念。在市场经济追求利润思想的影响下，大学生看重自我利益，信奉"个人主义"，自私自利的倾向非常严重，甚至对社会主流思想不愿接受。随之出现的"泡沫产品"——网络，也带了不良因素，青年学生变得越来越浮躁，在虚拟世界里迷失了自我，缺失了信仰。因此，他们觉得理想和现实差距很大，高度排斥思想政治教育。另一方面，市场经济的功利化思想也影响着高校的办学宗旨。一些高校对思想工作认知缺失，本身对思想政治教育不重视。他们把更多精力放在了校园硬件设施上，看中评估、升级，打造知名学府，在这其中充满了更多的功利色彩。殊不知"思想问题是一切问题的根源"，"政治工作是一切经济工作的生命线"，很多高校没有认识到思想政治工作的重要性，甚至还把思政专业当成被调剂专业，这让大学生觉得思想政治教育带不来实际效益。

因此，通过有效途径加强对大学生思想政治教育，促使其尽快接受先进文化，形成正确的道德观念，就显得非常必要和迫切。传统的教学模式——理论灌输，往往会引起大学生的反感和抵触，达不到理想的教学效果。从这一形势来看，全面利用非物质文化遗产这一全新的阵地来拓宽大学生思想政治教育的空间和思路，毫无疑问是一个有效的解决渠道。课堂上，教育者凭借生动直观的非物质文化遗产，结合现实问题，开展工作，能及时地掌握大学生的思想状况。如"济公传说"崇尚惩恶扬善、提倡助人为乐。由教育者拟定相关话题，促使大学生展开讨论，营造文化气息浓厚的思想政治教育氛围。最后，教育者要适时地抓住契机，对学生实施正确的引导，对于提高大学生道德水平、树立社会主义核心价值观具有重要的现实意义。

三、有利于借助非物质文化遗产对大学生进行素质教育

在思想政治教育过程中加入非物质文化遗产元素，这种教育方式从本质上来说是一种素质教育。素质教育是与应试教育完全相对的，它把全体学生当作受教育者，目的是要促进学生的全面发展、个性发展、健康发展，最终目标是要培养合格的社会主义新的接班人和建设者，而非物质文化遗产教育就是这样一种教育方式。

其一，它有助于培养大学生的动手实践能力和创新精神。党的十七大报告强调："加强中华优秀文化传统教育，运用现代科技手段开发利用民族文化丰厚资源。""非遗"教育在某种意义上也是传统文化的教育，国家的这一号召，有利于培养他们的动手实践能力，运用科技手段开发利用丰厚的"非遗"资源。

　　21世纪的主导经济类型是知识经济，提高大学生知识创新的能力，增强大学生的文化自觉意识是时代所需。目前，高校思想政治教育往往屈就于教材内容，教育者一味地"填鸭"灌输，受教育者被动地死记硬背，这种单一传统的教学模式压抑了大学生的积极性、创造性，打击了他们的自信心，阻碍了他们创新的道路。非物质文化遗产是文学创作的重要源泉，我们要发展先进性文化，就必须学会创新和发展文化，了解和学习更多的"非遗"知识。非物质文化遗产承载着浩如烟海的文化信息，是人民群众在生产生活实践过程中创造的精品，是传承历史文化的精神家园，为培育大学生的创新精神打下了良好的文化基础。了解非物质文化遗产，大学生不但能开阔视野，拓展思维，而且能在潜移默化中加深对传统文化的理解和认同。例如，就川剧而言，创新性改编引起的轰动是有目共睹的，时装戏的兴起，融入了独创一格的喜剧艺术，服饰上的独创性，独具匠心的人物造型，舞台表现得越来越规范和开放，"舞台灯光的全面革新，音响效果的日益丰富，使舞台环境变得更具真实感"，可以说整个造型发生了很大变化。思想主题突出表现了人间的真善美，寄予了中华儿女对美好生活的祝福和向往。这种独具特色的教学理念，能够深深地吸引好奇心强烈的大学生。非物质文化遗产有着深厚的文化底蕴，"非遗"是培养大学生创新思维的源泉和动力，不但能提升大学生的文化素养，而且能提高大学生的动手实践能力。

　　其二，非物质文化遗产能增强大学生的审美意识。心灵手巧的创作人研究并创造了一幅幅美丽的非遗作品，非物质文化是文化美妙性的生动展示，传递着华夏子孙对真、善、美的憧憬和向往。例如，中国古琴艺术，在各国艺术中可谓佼佼者。唐代诗人刘长卿感慨，"月色铺满了大地，古琴声飘扬更显得夜色阑珊"，优雅的古琴表演配上静谧的景色，天衣无缝，让人如痴如醉。古琴表演，既像国画，又如诗歌，没有聒噪的宣泄，只有平静、淡泊，如潭中之水，娓娓道来。维吾尔木卡姆艺术，12种歌舞表演形式，各具魅力。生动的曲调，优美的舞姿，悦耳的音乐，既是民族文化的瑰宝，也是少数民族美的化身。这些民俗作品以其独特的艺术价值深深地吸引着来自五湖四海的大学生。南京的云锦，历史悠久，是我国传统的工艺珍品之一。有人评价它："一枝独秀，意象万千，达到了……庙堂文化、吉祥文化与美的形式相联结的最高境界"，美轮美奂，色彩靓丽，富丽堂皇，远处观望像鲜艳的彩虹，近处观看则是鲜美的花朵，美丽得像天上的云霞，真可谓纺织品中的集大成者。同时，还有中国民间的剪纸艺术，给我们带来了华丽的盛宴。逢年过节，婚庆喜宴，鲜红的剪纸，栩栩如生，美不胜收。各种各样的图案，清丽脱俗，装饰性极强。它传递着人们对生活浓浓的爱意，浓缩着中华文化的传统理念。邢台的梅花拳，如高山流水，一泻千里。练习时五种姿势交叉混合，动若脱兔，静如处子，散开时呈梅花形，梅花拳因此而得名。现在许多高校都成立了梅花拳社团，传承并发展了梅花桩文化。大学生在娱乐的同时既增强了自身的审美情趣，又交到了许多志同道合的朋友，还能体悟到梅花拳里蕴含的文化精华。各具特色的非物质文化遗产，既有形式美又有意境美，达到了外在美与内在美的完美统一。高校教育者若能有意识地把这些美的元素和思想政治教育结合起来，大学生一定会在轻松融洽的氛围中学有所成，学有所得。

其三，非物质文化遗产有利于提升大学生的道德素养。高校思想政治教育要培养全面发展的大学生，很大程度上是要"使他们形成符合一定社会、一定阶级所需要的思想品德"，从而解决教育对象的思想问题。殊不知非物质文化遗产本身就倡导和宣扬了一种德行，惩恶扬善、感恩回馈、孝敬父母、关爱老人、奉献社会、蜡炬成灰、爱国爱家、真情善意、诚信为本、艰苦奋斗，这些思想的火花深深地打动了一代又一代中华儿女。尧的传说，讲述了为民除害、推行德教的精神。他励精图治，亲力亲为，不徇私情，举荐贤才。盘古神话，演绎了用身体化作万物的无私奉献精神，这则上古神话发展到现在描述了劳动者战天斗地的艰苦奋斗精神。佛教道教音乐，净化人的心灵，让我们在这个物欲横流的社会里减少浮华，唯德至上，并深深领悟了"淡泊明志，宁静致远"的人生道理。凉州劝善书，一种历史悠久的说书形式，主要评说了古今孝子贤孙、贤士英雄的故事，它的主题主要是弘扬无私大爱、因果报应、谕时劝世等正义行径。这种说书形式形象生动，把人间的酸甜苦辣描述得淋漓尽致，它的说唱内容极富有感染力，对大学生接受道德教育具有重要的现实意义。

非物质文化遗产是推动中华文化繁荣、发展的强大精神动力，丰富的文化形式，多元的道德理念，深厚的文化积淀，对大学生有着重要的启迪作用。在感慨东方文化魅力的同时，大学生既了解了课外知识，增强了人文底蕴，又学习了德育理论，提升了道德修养。

四、有利于促进非物质文化遗产和大学生思想政治教育相得益彰

非物质文化遗产和大学生思想政治教育的结合，可以说相得益彰。一方面，大学生对非物质文化遗产有了深刻的了解，增强了非物质文化遗产保护意识。众所周知，在现代化建设迅猛发展的过程中，我国的古典传统文化正经历着一场灾难，很多经典的非物质文化遗产被破坏得不堪入目，甚至濒临灭绝。

"非遗"的传承后继无人，人们认为非物质文化遗产没有市场前景，解决不了自己的生计问题，所以不愿意沿袭这些传统的技艺。"非遗"进校园、进课堂，无疑是一个有效的解决办法。课堂上开设相关课程，播放民间传统文化视频，有利于加深大学生对非物质文化遗产的认同，了解"非遗"对增进各民族情感，繁荣复兴民族文化具有重要的现实意义，进而在潜移默化中自觉投入到保护传承"非遗"的行列中。另一方面，大学生思想政治教育也得到了切实加强并达到德育的功效。"非遗"进课堂，进校园，是一种独具特色的教学模式。非物质文化遗产是一部百科全书，包罗万象，深深地吸引了好奇心强烈的青年学生，受教育者在文化载体的熏陶下，学到了文学、哲学、体育、美术、音乐等多个领域的内容，既开阔了视野，了解到祖国优秀文化；又陶冶了情操，增强了自身的民族自豪感、自信心。教育者在讲解过程中省时省力，把抽象的思想政治教育理论知识和丰富多彩的非物质文化遗产相结合，既能活跃课堂气氛，吸引大学生的眼球；又能调动大学生的参与性，达到理想的教学效果。当教育者和受教育者能做到这么巧妙的配合，你讲我听，你说我记，思想政治教育的目标就实现了。教育者愿意耐心地解说，因为看到了民族的希望和未来；教育对象愿意专注地听讲，因为受到了文化气息的感染，这样的思想政治教育过程将是十分高效顺畅、自由民主的。因此，非物质文化遗产和思想政治教育的结合，可以说双赢共赢。

非物质文化遗产和大学生思想政治教育，合则美，离则伤。如果真正确立了"非物质文化遗产是思想政治教育的重要资源"这一理念，那么高校思想政治教育将实现德育和美育的有机统一，思政课堂将变得多姿多彩，有滋有味，充满欢声笑语。"非遗"和思想政治教育相结合，是高校教学的尝试和探索，是思政课堂上的一大创新。没有非物质文化遗产的融合，思想政治教育犹如一杯清水；而有了非物质文化遗产的融合，思想政治教育教育就是美味的汤汁。

第三节　传统文化在思想品德教育中的价值意义

中华传统文化是高校思想政治教育的肥沃土壤、思想资源、源头活水。高校思想政治教育对中华传统文化的当代发展和全面振兴有着引领方向、提供动力和价值支撑的功能效用。在实现中华民族伟大复兴之中国梦的过程中获得价值系统的完美建构。

一、强化中国特色社会主义教育和"中国梦"宣传教育的重要环节

开放世界的八面来风驱散了曾经笼罩我们民族心头的封闭阴云。社会主义的伟大制度，经济总量的世界第二，光辉灿烂的科技文化，源远流长的文明历史，勤劳勇敢的中国人民，不断扩大的世界影响，令人瞩目的增长成就，惊艳世人的宏伟目标，这一切表明，中华民族伟大复兴的历史时刻已经到来。中国人民如何实现民族复兴的伟大梦想，这是包括大学生在内的每一个炎黄子孙都在深刻思考的现实问题。传统文化融入高校思想政治教育，正是大学生认识自己文化、把握民族精神、了解中国文明的可靠途径。中国特色社会主义道路具有深厚的历史渊源和广泛的现实基础。传统文化对引导大学生更加全面准确地认识中华民族的独特性格、伟大品质、辉煌传统、深厚文化、基本国情具有不可替代的优势。大学生通过传统文化的学习认知，对他们认清中国特色社会主义的历史价值与当代意义、历史渊源与科学内涵、精神实质与实践要求，把握中华民族伟大复兴中国梦的科学内涵和历史必然，进一步坚定中国特色社会主义的道路自信、理论自信、制度自信，都具有重大的历史意义和现实价值。

二、培育社会主义核心价值观，健全大学生道德人格的重要基础

健全的人格指的是对人与其他各种关系的妥善处理以及对自身身心的一种完善。它主要体现在一个人的意志、情感以及知识之间的和谐与统一上。中国传统文化在发展的过程中一直比较重视对个人人格的健全，特别注重对人格的追求以及对个体进行修为，一直倡导"士不可以不弘毅，任重而道远""己所不欲，勿施于人""己欲立而立人，己欲达而达人"。道德素质是一个大学生最基本的素质，道德教育是高校思想政治教育中不可或缺的内容。传统文化中的自省以及慎独为大学生提升自我道德修养提供了有效的教育方法。作为社会主义核心价值观的重要理论来源的传统文化，在长期的历史积淀中既塑造着中华民族的优秀品质，又以其源远流长的文化底蕴和博大精深的思想造诣荟萃了中华民族的精神力量，为建立社会主义核心价值观提供方向指引和道路选择。传统文化融入高校思想政治教育，要基于中国特色社会主义的科学实践的现实需要，通过现代化教学手段，在马克思主义指导下，整体把握传统文化，科学发挥育人作用，大力增强大学生的民族自信和文化自尊心，自觉践行社会主义核心价值观。

三、应对文化全球化消解高校思想政治教育实效性的现实需要

新世纪新常态，随着互联网技术的飞速发展，网络时代已经到来，在全球化背景下，政治文化的交流、融合、渗透、冲突以及碰撞日益凸显。高校思想政治教育在价值导向、育人方式以及应用内容方面都受到严峻的考验，中国传统文化也只有顺应时代发展潮流，才能把自身的价值发扬光大。在西方文化冲击下，高校思想政治教育必须进一步增强民族自豪感和民族自信心，增强民族责任感和民族认同度。网络的诞生为教育的发展带来了前所未有的方便与快捷，在为大学生提供学习便利的同时，也对高校思想政治教育提出了严峻的挑战。因为很多网络信息在传播时都没有经过必要的过滤，无论是健康的信息还是不健康的信息都向外传播，这时不健康的东西对当代大学生道德观、价值观以及人生观的冲击力度是不可估量的，因此，在大学生思想政治教育中必然要求我们与时俱进地提出新的讨论课题。中国传统文化丰富的教育资源，为新时期高校思想政治教育提供了丰厚的文化底蕴。有利于抵制资本原则对中国传统文化的消解，抵御西方价值对中国人固有传统道德和价值取向的冲击，防止历史虚无主义对人们原有精神信仰的动摇。通过对传统文化的现代性革新，实现传统文化与西方文化之间平等的对话和交流，改善大学生的知识结构，培养大学生道德精神和人格精神。

第四节　传统文化在大学生思想品德教育中的应用原则

高校思想政治教育是推动社会主义精神文明建设和社会主义先进文化建设的坚定力量，关系到大学生的健康成长和全面发展。做好高校思想政治教育工作，教育者不仅需要拥有深厚的理论功底和丰富的实践经验，更需要创新精神和创新能力，只有勇于创新，才能为高校思想政治教育提供源源不断的动力，才能让大学生认同和接受思想政治教育。非物质文化遗产蕴含丰富的思想政治教育资源，在高校思想政治教育中合理利用非物质文化遗产资源，不仅做到了与时俱进，更是一种创新。推进非物质文化遗产融入高校思想政治教育，需要明确一定的目标，即为高校思想政治教育服务的目标。非物质文化遗产资源的选择和运用应满足高校思想政治教育内容的需要、符合教育的要求，辅助教育目标的实现。

一、学生主体性原则

"所谓主体性原则，是指作为思想政治教育主体的教育者，将受教育者视为教育主体，充分尊重他们的主体地位，注意调动其自我教育的积极性，来实现思想政治教育目标的行为准则。"教育者是实施思想政治教育的主体，受教育者是客体，但从双向互动上来说，受教育者也是自我教育的主体，对教育内容有着自己独特的理解，向教育者反馈信息。高校利用非物质文化遗产对大学生进行思想政治教育必须坚持学生主体性原则，注重调动大学生学习的积极性和主动性，让学生充分发挥主体作用，在受教育的过程中主动做到自我教育。传统思想政治教育往往会陷入单一主体的教学模式，容易忽视受教育者的主体地位，学生的全面发展受到阻碍。坚持以学生发展为本、坚持学生主体性原则，可以促使教学由教师为中心向学生为中心转变，培养学生能动、独立自主学习的习惯。将非物质文化遗产融入高校思想政治教育，需要注意的是，在教学过程中"要以学生自身能动的学习活动作为学生身心素质发展的基本机制，而将教师的作用当作是引起学生能动活动和促进学生有效地展开活动过程的外在条件或手段。"以非物质文化遗产作为教学资源和载体，设计教学内容、创建教学情境、举办教学活动，都应该着眼于每一位学生的发展，突出学生的主体地位。

二、非替代性原则

非物质文化遗产融入高校思想政治教育的过程，是"融入"而非"替代"的过程。虽然说非物质文化遗产蕴含重要的高校思想政治教价值，但这并不意味着非物质文化遗产可以取而代之，替代高校思想政治教育实现教育目标。要清楚地认识到非物质文化遗产是高校思想政治教育的有效资源和载体之一，起着部分推动作用和服务效果，只能帮助解决高校思想政治教育出现的部分问题，不是所谓的"替代品"，况且不是所有的非物质文化遗产都适合思想政治教育教学，也不能满足教育的各方面需求。在高校思想政治教育中，适当融入某些非物质文化遗产内容，可以达到润物细无声的教育效果，需要注意的是，切勿以偏概全，过分夸大非物质文化遗产的高校思想政治教育价值，在教育内容和教育方法中，要有选择性地选取部分非物质文化遗产作为融入内容、融入载体、融入方法，防止在教育理念和具体的教育过程中迷失方向。

三、辩证性原则

马克思主义哲学教导我们，要学会用辩证的思维、眼光看待一切事物，对非物质文化遗产与高校思想政治教育之间的关系亦是如此。非物质文化遗产对高校思想政治教育教学有着正面的推动作用，高校思想政治教育对非物质文化遗产的宣传、保护和传承也能起到一定的积极意义。将非物质文化遗产融入高校思想政治教育的做法不能盲目跟风、随大流，要理性对待、全面剖析，在充分理解非物质文化遗产的高校思想政治教育价值的前提下，才能谈二者如何融合的问题。联系具有客观性，我们要用联系的观点看问题，符合高校思想政治教育需要的资源是有限的，因此，对非物质文化遗产资源要进行分类筛选，不能随便建立某种非物质文化遗产与高校思想政治教育之间的联系，教育者应该客观地建立非物质文化遗产与教育目标、教育内容之间的联系，不能强行嫁接、主观随意捏造，不同的非物质文化遗产资源适用于不同的教育内容、教育情境。非物质文化遗产融入高校思想政治教育，是内容和方法等方面的融入，要求二者融为一体，切忌出现"两张皮"的现象。非物质文化遗产具有多种价值，结合教育目标，合理设计教育内容，重点突出非物质文化遗产对高校思想政治教育的价值。非物质文化遗产具有传承性和活态性，它的内容随着人们社会实践活动深度和广度的增加而增加，因此，它的思想政治教育价值也在不断变化，教育者应培养发展的眼光，用不断丰富的非物质文化遗产资源和不断扩大的价值运用到高校思想政治教育中。

四、理论与实践相结合原则

非物质文化遗产如何融入高校思想政治教育，不仅是一种理论问题，更是实践问题，切勿闭门造车，单纯停留在理论研究的层面上。马克思主义认为，实践是认识的来源，非物质文化遗产融入高校思想政治教育的一系列实践活动，存在的问题、成功的经验等都是理论形成的来源和发展的动力，而理论又为非物质文化遗产融入高校思想政治教育提供思想指导。非物质文化遗产的高校思想政治教育价值，需要通过理论与实践相结合的方式才能更好地发挥出来。在课堂上，非物质文化遗产与思想政治教育理论充分融合；在课外或校外，适当开展符合思想政治教育主题的实践活动，让学生在实践中亲身体验，培养主动思考的学习习惯，通过所见、所闻，领悟教育目标，学会把实践活动和理论知识结合起来，加强对原有知识的理解，培养各方面的素质和能力。

五、创新性原则

创新性原则要求教育者在遵循思想政治教育规律的前提下，密切关注大学生的思想政治动态，关心的热点、焦点问题，跟上社会发展的脚步，充分利用媒体技术，转变传统的教育教学模式，丰富教育内容，创新教育方法和手段，优化教育情境。创新是社会发展的不竭动力，也是高校思想政治教育发展的重要动力，敢于创新，才能不断满足大学生日益增长的精神文化需要，才能适应社会发展的需要。事物是不断变化发展的，高校大学生的思想也未曾停止变化，尤其是在经济全球化的国际大背景下，大学生的思想和心理不够成熟，容易受到腐朽思想和落后思想的侵蚀，因此，必须创新高校思想政治教育，抓住学生的兴趣点，引导学生确立正确的思想。非物质文化遗产作为良好的教育资源，将其融入高校思想政治教育，这种理念本身就是对传统教育理念的一种创新，而如何融入的具体做法，又是一种创新。教育者在深入了解非物质文化遗产，以及非物质文化遗产与高校思想政治教育关系的基础上，结合本校学生的特点、学校的教育体系、本区域特色非物质文化遗产资源，将创新精神灵活运用到教育的各个环节当中，只有这样才能取得更好的教育效果。

第五节 传统文化在大学生思想品德教育中的应用途径

一、高校保护和传承非物质文化遗产是时代和文化发展的内在要求

高校保护和传承非物质文化遗产是时代赋予的使命。从总量和种类上来看，我国拥有非常丰富的非物质文化遗产资源，非物质文化遗产遍布中华大地，不同民族、不同地域的非物质文化遗产各具特色。它凝聚了中华民族的智慧和民族情感，是国家和社会进步发展的重要驱动力，是发展社会主义先进文化的重要源泉，同时也为实现中华民族的伟大复兴之路、社会主义和谐社会的建设提供了坚实的文化支撑。在我国社会发展的过程中，文化尤其是古代社会的文化，博大精深、博采众长，善于在吸收其他优秀文化的基础上创新发展。

文化是国家与民族繁荣昌盛的重要力量，也是综合国力必不可少的组成部分。在当今世界，文化对国家经济实力以及综合实力的价值不断提升，文化与政治的关系日益密切，国家往往借助于文化展开力量间的竞争，文化竞争折射

出政治竞争的色彩，可以说，文化的强弱在一定程度上决定了国家在国际上的地位和话语权以及国家权力的大小。当今世界正处于经济全球化的浪潮中，各国在政治、经济上的往来越来越密切，文化也不例外，各种思想文化跨越了国界的障碍，官方的学术交流以及民间自发的文化交流在推动本国文化发展的同时，也带来了潜在的危险。一些发达国家为提高综合国力和国际影响力，推崇文化霸权主义，企图通过各种方式，把本国的文化尤其是腐朽的、落后的文化传播到其他国家，使其他国家在潜移默化中接受，让文化认同和思想同化成为可能，以间接迂回的方式达到控制其他国家的目的。因此，在当今世界文化竞争越发激烈的背景下，作为世界文化的一分子，中华优秀传统文化不仅要稳稳占领人民的思想阵地，而且要设法提高自身的国际影响力。另外，社会主义现代化建设的进程在加快，越来越多的年轻人离开了家乡和故土，离开了本土传统文化的熏陶和滋养，以至于对本土传统文化的了解程度和保护意识不强，在面对外来文化的冲击时，容易受到腐朽文化的侵蚀，对本土文化的认同感和自豪感削弱。因而，作为中华优秀文化重要组成部分的非物质文化遗产，必然要承担发扬中华文化的时代责任。特定区域的地方高校是一股承载着本区域精神文明建设的重要力量，是区域文化发展的风向标，是培养国家优秀人才的文化基地。所以，时代所赋予的传播中华文化的责任也就落到了高校的肩上，高校应该充分挖掘和利用本区域特色的非物质文化遗产资源，在大学生群体中实施非物质文化遗产教育。

保护和传承非物质文化遗产是高校应承担的文化责任。我国非物质文化遗产资源虽然丰富，但由于人们对非物质文化遗产的价值认识不足、责任意识缺失以及保护工作做不到位，导致非物质文化遗产的现状堪忧。部分非物质文化遗产已遭受不同程度的自然或人为破坏，有的已经消失殆尽，有的正面临失传的危险。非物质文化遗产主要依附在现实人的身上，通过世代口传心授、后辈心领神会才能完整地保存下来，所以，当上一代人年事已高，传授技艺、技巧、心得的能力有限，又或者后继力量严重不足时，非物质文化遗产就会陷入困境，目前我国非物质文化遗产的群众基础呈现减少的趋势。因此，保护、传承非物质文化遗产已迫在眉睫，应该放在当前文化工作的重要地位，而高校作为文化交流、传播的集中地，理应主动承担保护文化的责任。《国务院办公厅关于加强我国非物质文化遗产保护工作的意见》指出："传承通过社会教育和学校教育等途径，使该项非物质文化遗产的传承后继有人"《中华人民共和国非物质文化遗产法》规定："学校应当按照国务院教育主管部门的规定，开展相关的非物质文化遗产教育。"2002 年的高等院校首届非物质文化遗产教育教学研讨会的召开。拉开了把非物质文化遗产纳入我国高等教育体系的序幕，这说明，国家非常重视学校在非物质文化遗产保护中的特殊作用。非物质文化遗产有利于当代大学生思想政治修养、文化素养、良好道德品格、学习兴趣、创新能力等方面的塑造。

二、传统文化在大学生思想品德教育中的应用途径

中华优秀传统文化经过了历史的沉浮，博大而深邃，它是中华民族屹立于世界之林的独特标识。然而，全球化的深入发展使得各种文化相互激荡，同时也给传统文化造成冲击，这也使得大学生忙于应付各种思潮而忽略了对优秀传统文化的学习，进而对其知之甚少。此外，随着社会竞争的加剧，一些高校也更加重视对大学生社会实践技能的培养，忽视对大学生人文精神的养成，这也就造成大学生思想政治教育与优秀传统文化之间的融合出现裂缝，没有充分发挥优秀传统文化的思想政治教育作用，使得大学生思想政治教育效果大打折扣。思想政治教育作为一种文化形态，具有文化传承功能，这也就为优秀传统文化融入大学生思想政治教育提供了可能。但不能空谈道理，我们需要充分挖掘多种将优秀传统文化融入大学生思想政治教育的途径，提升大学生思想政治教育效果。

（一）加强大学生传统文化教育，增强对优秀传统文化的认知

任何民族的文化都是通过继承已有的传统文化并与社会实际相结合而延续和发展的。传统文化是一个国家或一个民族发展的根基所在，如果丢掉传统，那么，文化就谈不上发展，其也就会毫无生气，社会也会如死一般沉寂。中华文明之所以能在几千年的悠悠历史长河中绵延不绝，正是因为批判地继承和发展了传统文化，汲取了其精华——优秀传统文化。由于优秀传统文化的博大精深，中华民族才得以在世界民族之林中巍然屹立。然而，伴随全球化和改革开放而来的，是各类思想文化、价值观念的涌入，它们与国内传统文化形成冲击与碰撞，给人们尤其是走在时代前端的当代大学生造成了重大影响。部分大学生不仅对中国优秀传统文化不甚了解，甚至认为外来的就是进步的，本土的就是落后的，甚至把对传统文化的反叛作为一种时尚。这也就是一个新的课题，并摆在了大学生思想政治教育面前。它要求高校将大学生思想政治教育与优秀传统文化相融合，使大学生具备一定的优秀传统文化知识，产生情感认同并进行自我内化。

1.组织编写大学生优秀传统文化教育读物

中华文化源远流长，凝聚了我们最内在的精神追求，给中华民族的生存和发展提供动力。在当今文化的交流与碰撞中，优秀传统文化支撑着中国巍然屹立于世界，并扬起了一面鲜明的旗帜。然而，一方面，一些高校为了能使学生在激烈的竞争中脱颖而出，逐渐成为培养大学生的生存技能的工厂，在教育中注重"专业教育""科技教育"而忽视人文教育。并且，大学生思想政治教育在实际的实施过程中，与优秀传统文化结合不够紧密甚至与其脱节。另一方面，当代部分大学生在学习中也出现了实用主义的价值倾向，或努力学习外语，或努力通过各种资格证考试，甚少进行优秀传统文化的学习。但是，相比于优秀传统文化，他们对美国等西方文化了解得反而更加广泛或深刻。他们精通英语的听说读写，但是或者不了解中国优秀传统文化中的一些经典著作如《论语》《易经》、"四大名著"等，或者看不懂古代的文言文，不了解长江、黄河、长城等的历史，又或者对优秀传统文化知识的了解还停留在小学、中学那种较浅、较零散的水平，而关于这方面的系统性读物又较少。当代大学生由于对中国优秀传统文化缺乏认知而导致缺乏文化自信以及民族自豪感和使命感。

因此，必须增强大学生对优秀传统文化知识的系统性了解，使大学生对其有一个较为系统的了解和认知。然而，大学与高中相比，学生自主支配的时间增多，学习模式也是以自主学习为主，所以，编写或下发适合大学生的优秀传统文化教育读物就显得尤为必要和重要。首先，组织专家编写或下发使用适合当代大学生的优秀传统文化读物。当代大学生大多属于90后，身上有着90后的明显特征，因此，可以根据他们这些普遍性特点，编写优秀传统文化系统性知识读物。《完善中华优秀传统文化教育指导纲要》中也指出："在高等学校统一推广使用马克思主义理论研究和建设工程重点教材《中国文化概论》。"其次，精选或聘请有关学者、专家编撰全面的、具有层次的作品。大学生由于知识背景以及专业背景不同，对优秀传统文化知识的了解深浅也不一。如理工科与文科学生相比文科学生对优秀传统文化知识更为了解。因此，国家可以统一组织编写适合不同专业背景的读物。另外，人才大多汇聚在大学，因此，可以组织专家教授以及资深教师根据大学生的实际情况，从已有的书籍中精选出一些深浅不一的优秀传统文化书籍或者文章编写成系统的、不同层次的读物，对相应水平的学生开展引导。最后，可以根据地方特点，编写适应大学生发展的优秀传统文化读物。如上海、重庆、苏州等历史文化名城可以结合当地的历史文化特色，编写适合当地大学生的优秀传统文化知识读本。

2. 在思想政治理论课程体系中，增加优秀传统文化课程

毋庸置疑，在大学生这一群体中，之所以缺失优秀传统文化，在一定程度上是与当代高校中的课程设置密切相关的。大多数学校把公共英语课列为大学生的必修课，而优秀传统文化只是作为选修课甚至没有开设，并没有纳入思想政治理论课的范围。随着全球化的发展，英语作为一门国际语言固然在国际社会中发挥着越来越大的作用，但它不能替代中华民族的根——优秀传统文化，这不能成为忽视优秀传统文化教育的理由。当代大学生属于极易接受新鲜事物的群体，只有加强大学生对优秀传统文化的认知，增设优秀传统文化课程并将其纳入思想政治理论课程体系中，才能使其更好地了解根深蒂固的本国文化，才能使他们不在中西方文化的激荡中丧失自我本真。

目前，大学思想政治教育理论课主要有"马克思主义基本原理概论""中国近现代史纲要""毛泽东思想和中国特色社会主义理论体系概论""思想道德修养与法律基础"这四门。在这四门主要的课程中，涉及的优秀传统文化知识较少或者较为浅显，因此，在大学思想政治理论课程的设置上，可以根据实际情况相应地增加优秀传统文化课，完善思想政治教育课程体系。首先，开设关于优秀传统文化的通识教育课程。通识教育主要是使学生对不同学科知识有所了解，开阔自己的眼界，从而进行自主独立的思考，从而可以将不同的知识融会贯通，最终实现人的自由而全面发展。我们可以通过开设与优秀传统文化相关的课程如国学、中国文化史等类似通识类的课程，向学生讲解中国文化的发展历史以及发展、优秀传统思想观念、价值取向等，使大学生领略中华优秀传统文化的博大精深，进而启发他们的文化认同，增强文化自信以及民族自豪感。其次，开设与主要思想政治理论课相应的优秀传统文化专题课程。与"马克思主义基本原理概论"相应，我们可以开设"马克思主义的中国优秀传统特色""中国优秀传统文化中的哲学思维与实事求是"等；与"毛泽东思想和中国特色社会主义理论体系概论"相应，我们可以开设"中国优秀传统文化中的马克思主义科学发展观"或"社会主义核心价值观中的优秀传统特色"等；与《思想道德修养与法律基础》相应，我们可以开设"社会主义法治与传统法治的契合"等。与此同时，我们也可以通过设置与之相应的实践课程来加深学生对优秀传统文化的情感体验。可以以开设相应的专题讲座以及大学实践课程，使他们了解大学生思想政治教育中也应该包含优秀传统文化的内容，传承与宣扬优秀传统文化是大学生应肩负重任，这不是负担而是义务。最后，开设关于优秀传统文化的德育课，以供大学生辅修和选修。与优秀传统文化相关的通识类课

程以及与高校思政理论课相应的专题性讲座主要是通过对知识的传授从而启发大学生的认同感。因此，选修课可以开设历史人物大家谈、古诗词鉴赏等课程。通过讲述历史名人故事或者古诗词鉴赏的方式，挖掘人物故事、古诗词背后的思想政治教育资源，主要是以对人物、诗词的情感体验从而认识到优秀传统文化的深邃，进而培养学生的高尚情操和品德。

3. 在思想政治理论的教学过程中，融入优秀传统文化

大学生思想政治教育不仅是培育社会主义"四有"新人的主要途径，同时它还肩负着继承和弘扬优秀传统文化的重任。优秀传统文化博大而深邃，蕴藏的思想政治教育资源特别可观。然而，高校在对大学生的思想政治教育过程中，与优秀传统文化结合不够紧密，更甚者，还呈现断层的现象。这就使得一些大学生缺失社会责任感、价值取向扭曲，从而降低了大学生思想政治教育效益。因此，在思想政治教育教学过程中，以进行优秀传统文化教育的方式，提升大学生的民族文化认同感，从而提升他们的价值认知。

首先，在思政课的课堂教育中，引入优秀传统文化知识。优秀传统文化博大精深，涵盖了哲学、伦理学等各方面的内容，因此，在大学生思想政治理论课教学过程中，可以因材制宜地融入优秀传统文化教育。如在"思想道德修养与法律基础"的教学过程中，可以引入优秀传统文化中匡衡凿壁偷光，挑灯夜读的积极进取精神；也可以引入林则徐、范仲淹、诸葛亮的爱国主义故事；还可以将社会主义法治思想与优秀传统文化中的德治或仁政思想相结合进行讲解等。在"马克思主义基本原理"的教学中，可以将马克思主义唯物辩证法与优秀传统文化中的哲学思辨思想进行比较和结合进行讲解，也可以将洪秀全的平均主义与社会主义公有制相比较进行讲解。其次，在大学生的思想政治教育主题实践活动中，融入优秀传统文化教育。课堂教学不仅是大学生思想政治教育的唯一途径，社会实践活动是课堂教学的延伸，它是另一条有效途径。我们需要充分利用好这一平台，在大学生思想政治教育实践活动中嵌入优秀传统文化。第一，举办丰富多彩的具有优秀传统文化内涵的大学生思想政治教育校园实践活动。如开展爱国诗词朗诵大比拼、感恩活动、诚信事迹征集活动或者是传统美德故事演讲比赛、话剧表演等主题活动。第二，开办讲座。可以邀请研究优秀传统文化的教授或者专家，结合当前大学生关注的问题或者时事热点问题开办专题性讲座。如传统儒家文化的现代价值及其启示、传统美德与市场经济等。第三，参观历史文化遗迹。校史馆、博物馆以及历史文化遗迹都是在历史中沉淀下来的，是优秀传统文化的一部分，其中也蕴含着丰富的大学生思想政治教

育资源。因此，有条件的学校或地区可以通过组织学生参观校史馆、博物馆以及其他历史文化遗迹来使学生领略中华优秀传统文化的博大精深，增强其民族自豪感和自信心。

（二）在大学生思想政治教育环境中融入优秀传统文化要素

思想政治教育环境是思想政治教育过程中的一个重要环节，在此基础上，大学生的思想政治品德得以形成和发展，它对大学生具有潜移默化的作用。从古至今，外在因素对人品德的作用就受到人们的重视。如孟母为了儿子孟子能有一个更好的学习环境，三次举家搬迁；众所周知的名句"近朱者赤，近墨者黑"等，都说明外在条件对人具有非常重要的影响。而思想政治教育是一个社会性的系统工程，需要充分发挥社会、学校、家庭等各方的合力，从而营造良好的优秀传统文化环境。这也是在大学生思想政治教育中嵌入优秀传统文化要素的重要途径之一。

1. 在社会环境中汇入优秀传统文化因子

在社会环境中，各种教育相聚与融合，对处于其中的人们的思想观念、价值取向具有潜移默化的影响。随着社会的发展，社会环境也越来越复杂，然而，世界观、人生观和价值观还未定型的大学生，很容易受到外在社会环境的影响。比如，由于大众文化的盛行，一些大学生受到其不良影响，呈现享乐主义等价值取向扭曲的现象。因此，必须营造一个健康和谐的社会环境，充分发挥环境对大学生思想政治教育的作用。优秀传统文化博大而深邃，其中蕴含着很多大学生思想政治教育资源。因此，将优秀传统文化渗透在社会环境中，营造一个健康和谐的优秀传统文化环境，将有利于大学生的思想政治品德的健康发展。

首先，政府要加强对优秀传统文化的引导和宣传。政府部门是营造优秀传统文化环境的指导者和推动者，政府要在坚持马克思列宁主义、毛泽东思想、邓小平理论、"三个代表"重要思想、科学发展观、习近平新时代中国特色社会主义思想的指导下，重视优秀传统文化教育，将优秀传统文化教育落到实处。一是要制定相关政策或文件，以科学的理论指导有关部门进行优秀传统文化教育以及宣传。二是要在行动上支持对优秀传统文化的宣传与教育。如给予一定的经费支持、指派研究优秀传统文化的专家学者深入群众，宣传优秀传统文化知识，给地方有关部门给予行动上和人力上的支持。其次，充分发挥社会传播媒介的作用。社会传播媒介主要是向社会传播各种信息，因此，可以通过报纸、杂志、广播、移动电视、网络等社会传播媒介传播优秀传统文化知识，引导社会舆论方向，使优秀传统文化知识每时每刻都萦绕在大学生生活的每个角落，营造一个轻松愉快的优秀传统文化环境。再次，社会团体或社会公共部门可以充分利用自身的优势与特点，开放更多的优秀传统文化德育资源，使越来越多的人包括大学生走进历史文化场所，走向文化舞台，亲近优秀传统文化。在社会环境中融入优秀传统文化要素，营造一个健康和谐的社会优秀传统文化环境，充分发挥环境的潜移默化作用，有利于在无形中提高大学生的思想政治道德素质。

2. 在校园环境中融入优秀传统文化要素

校园物质环境和校园文化环境共同构成校园环境。校园物质环境是学生在学校生存与发展的客观基础，同时也是学校进行教育活动的基础和条件，是学校环境的硬件环境部分，包括学校建筑、路牌、宣传栏标语等。校园文化环境是校园环境的软件环境部分，包括学风、教风等。校园环境是开展大学生思想政治教育的重要客观基础，能在无形中对大学生起到一个思想熏染的作用。因此，塑造一个富含优秀传统文化要素的文明和谐的校园环境，是将优秀传统文化融入大学生思想政治教育的有效途径之一。

首先，营造一个充满优秀传统文化要素的校园物质环境。校园物质环境包括校园中的硬件设施（如教学楼等建筑、锻炼器材等）和校园环境布置（如草坪、树木等绿化设施）。因此，第一，我们可以把教学楼或者教室以仁、义、礼、智、信等优秀传统文化要素来命名，或者在自习室或者阅览室的自习桌上贴上具有思想政治教育意义的句子、诗词，使大学生在学习疲劳之余以查阅诗词句子的出处以及典故解乏。第二，如学校有新楼要修建，可以将优秀传统文化因素融入所修建的建筑中，如将门窗设置成具有传统建筑风格等，使学生领略中国优秀传统文化的魅力，促使民族自豪感和文化自信心的升华。第三，在校园的环境布置中，如草坪的形状、警示语都可以融入优秀传统文化要素。从而拉近学生与优秀传统文化的距离。其次，营造富含优秀传统文化因素的校园文化环境。良好的校园文化环境能在无形中提高大学生优秀传统文化素养，这对大学生形成科学的世界观、人生观和价值观具有重大的影响。因此，我们需要充分发挥校园文化的作用。第一，要树立良好的学风。"凿壁偷光""悬梁刺股"等刻苦学习的历史典故以及废寝忘食、安贫乐道等求学精神，都是优秀传统文化的精华。由于社会竞争的加剧，就业形势的严峻，不少大学生很难安心于学习，对此，学校应鼓励学生发扬严谨求学的精神，塑造每个人都在学习、每个人都在认真学习的良好学风。从而，不仅在学风形成过程中融入了优秀传统文化，同时在学风形成之后也能提高大学生的思想政治品德。第二，树立良好的教风。教师的一言一行以及对事情的态度，都会对大学生的心理以及言谈举止产生极为深刻的影响。因此，教师要发扬优秀传统文化中严谨治学的精神，自觉肩负传承和弘扬中华民族的传统美德的重任，以身作则。

3. 在家庭思想政治教育中加入优秀传统文化因素

家庭是孩子的第一所学校，它既是优秀传统文化教育的主要场所，同时也是思想政治教育的首要阵地。父母作为孩子的首位启蒙教师，其言谈举止对他们将起到一个言传身教的作用。大学生一般都已满18周岁，对自己身边的一切具有一定的判断是非、好坏的能力，并能够进行一定的自我反省。当代大学生大多在异地上学，一年回家次数较少，因此，要充分利用大学生在家的时间，通过家庭氛围的感染以及父母的言传身教，形成一个具有优秀传统文化因素的温馨和谐的家庭环境，间接影响他们的思想观念、价值取向、思想品德等，从而帮助他们提高自身的思想政治品德。

首先，营造一个良好的家庭氛围。中国是一个文明古国，中国的宗族观念也深入人心，因此，营造一个尊老爱幼、家庭和睦、友善等因素在内的良好的家庭氛围对孩子的思想道德品质、人格修养、思想政治素质等有着重大的影响。家庭成员可以一起学习或讨论一些时事新闻、以优秀传统美德对发生在身边的事情予以一定的评论或结合身边的事情讲一些道德故事等。同时，家庭成员在家庭中要相互谅解、尊老爱幼、和睦相处，形成一个和乐的家庭氛围，发扬中华民族的传统美德，形成优良的家风，以优良的家庭风气在无形中影响大学生的思想政治品德。其次，以优秀传统美德要求自己，起到榜样模范性作用。父母是孩子的第一任教师。大学生虽然有一定的判断能力，但是父母的一言一行对他们仍然具有极大的影响。因此，在家庭中，父母要以身作则，形成以人为本但又能严格规范家庭成员的家训，以实际行动发扬中华民族的传统美德，如尊老爱幼、厚德载物、勤俭节约等；以自己的行动教育孩子热爱祖国、树立社会责任感意思以及积极进取的精神等。家庭教育是孩子成才成人的关键，加强家庭德育是将优秀传统文化融入大学生家庭教育的有效途径之一。

总之，大学生思想政治教育是一个庞大的系统性的工程，将优秀传统文化融入大学生思想政治教育需要充分发挥社会、学校、家庭的作用，形成一股教育合力，从而增强大学生思想政治教育效果。

（三）充分发挥以传统节日、民俗文化为主题的实践活动的重要作用

中国传统节日是中华文明的特征，凝聚了民族的信仰、伦理和情感，见证了中华民族的历史沉浮，镌刻着其独特的记忆，是中国优秀传统文化重要内容，同时也蕴含着丰富的思想政治教育资源。从大年三十的除夕大团圆和春节的辞旧迎新拜访亲戚朋友到清明的扫墓祭奠祖先，从端午的划龙舟吃粽子悼念爱国诗人屈原到中秋赏月的合家团圆，再到重阳插茱萸登高敬老等，这些传统节日活动都表达了中华民族的亲情、友情、爱国之情。中华民族几千年的历史，历经了改朝换代、民族的分裂与融合，形成了很多具有地方性特色的文化习惯和民俗文化活动。就算在春节这种全国性的传统节日中，各个地方庆祝的方式也略有不同，这也就是由于民俗不一。但是，不管是中国传统节日活动还是民俗文化活动，都是中华民族的象征，是中国优秀传统文化的重要内容，其中都包含着大学生思想政治教育资源。因此，要充分发挥中国传统节日活动和民俗文化活动的作用，将优秀传统文化融入大学生思想政治教育中。

1. 开展丰富的传统节日、民俗文化体验活动

中国有春节、端午、中秋、重阳节、清明节等传统节日，有端午吃粽子划龙舟、中秋吃月饼赏月、清明节扫墓等风俗习惯。但是，因为每个地方或民族的具体条件不一，节日活动方式以及民俗文化活动的形式也略有不同。随着社会的发展，一些优秀的传统习俗被忽略，因此，可以挖掘传统节日的活动形式以及风俗习惯，开展丰富的传统节日、民俗文化体验活动，使大学生体验不同的活动方式和风俗，领略中华文化的博大精深，进而增强民族自豪感和民族自信心，进而提升文化自信心。

首先，充分挖掘中国传统节日和民俗文化的活动形式，开展体验活动。中国是一个有56个民族的多民族国家，由于具体的历史条件等原因，各个民族以及各个地区的传统节日活动形式、风俗习惯也不一样。因此，社会公共服务部门、新闻媒体或学校可以通过充分挖掘传统节日不同的活动形式以及不同民族或地区的不同风俗习惯，开展大学生优秀传统文化体验活动。不同民族或地区的学生可以对其他地区的传统节日活动或风俗进行体验，感知中国优秀传统文化的博大精深。并且在体验的过程中，对节日活动形式或民俗活动形式本身进行背景知识的普及，激发大学生对优秀传统文化的学习热情，增强大学生对优秀传统文化的价值认同，进而增强大学生的文化自信心和民族自豪感。如端午划龙舟等活动既可以让大学生感受节日的氛围，又可以通过划龙舟的体验活动增强团结意识，同时对端午节背景由来进行普及，还可以增强大学生的爱国主义情感。其次，有条件的学校，可以深入当地的敬老院等，与老人以当地的风俗习惯来度过传统节日。随着社会的发展，一些传统节日习俗被逐渐淡化甚至

消失，老一辈对于一些已经淡化或者遗失的节日习俗较为了解，因此，有条件的学校可以带领学生深入当地，亲身体验节日的氛围。这样不仅可以使敬老院的老人不至于在孤单中度过传统节日，而且还可以继承和弘扬中华民族助人为乐、尊老爱幼等传统美德以及体验中华民族的优秀传统文化。

2. 举办形式多样的传统节日、民俗文化活动

实践活动学习是课堂学习的延伸，是学生学习的第二课堂。因此，应该充分发挥第二课堂的作用，将作为优秀传统文化重要内容的传统节日文化以及民俗文化融入大学生思想政治教育中。

首先，发掘传统节日、民俗文化内涵，开展展示活动。传统节日、民俗文化中蕴含着丰富的大学生思想政治教育资源，如端午节蕴含着爱国主义情怀、清明节蕴含着中华民族不忘祖先的传统等。因此，可以通过电视、报纸、广播、电子广告屏、宣传栏等载体，向大学生展示传统节日和民俗文化的内涵以及背后的故事。在大学生思想政治教育展示活动中对优秀传统文化进行展示，普及传统节日、民俗文化知识，使学生深刻认识到包括传统节日、民俗文化的优秀传统文化是大学生思想政治教育中的一部分。其次，举行以某个传统节日或某一种风尚、习惯为主题的活动。在开展主题活动的过程中，要契合大学生的兴趣爱好，寓教于乐，使大学生能够自觉参与其中并能主动学习。学生可以成立优秀传统文化方面的社团，充分利用大学生社团，达到思想政治教育目标，进行活动的组织和策划。如端午节可以举行中外学生包粽子等传统节日美食制作大赛等，让中国大学生为留学生讲述端午节的背景历史；也可以举行主题庆祝活动，以小品、舞蹈、歌曲等艺术的形式使学生受到思想熏陶。最后，还可以通过开展与传统节日或民俗文化内涵相契合的诗词朗诵或创作大赛、传统工艺制作大赛如中国结的编制、剪纸等。

（四）开展具有优秀传统文化特色的大学生网络思想政治教育

随着网络信息化的进一步发展，各种新媒体如争先而出，如数字电视、网络等。这些新兴媒体具有较强的即时性、虚拟性和开放性，使得它们成为一些别有用心的势力的争夺焦点，因此，高校要充分发挥其作用，严守自己的阵地。然而，大学生属于最易接受新鲜事物的群体，他们走在时代的前沿。网络作为新兴媒体，早已进入大学生的日常生活并对他们的思想观念、生活方式等产生了深刻的影响。因此，必须适应大学生的实际情况以及网络传播环境的要求，充分发挥网络新媒体的作用，将优秀传统文化通过网络等新媒体融入大学生思想政治教育中。

1. 进行富含优秀传统文化内容的大学生思想政治教育网站建设

随着科技的发展和人们生活水平的提高，智能手机、平板电脑等在校园中随处可见，使用手机、平板电脑等访问网站、浏览网页的大学生数不胜数。大学生掌握的信息绝大部分是通过进入网站浏览网页获得，所以，要将优秀传统文化融入大学生思想政治教育中，必须充分发挥网络阵地作用，建设含有优秀传统文化的大学生思想政治教育网站。通过优秀传统文化，使大学生思想政治教育网站更加鲜活有力，能与一些深受大学生欢迎的网站相媲美。

首先，在大学生思想政治教育网站内容中增加优秀传统文化内容。近年来，大学生网络思想政治教育建设获得一系列成果，但仍存在缺陷，在内容中很少甚至没有涉及优秀传统文化，这也是优秀传统文化和大学生思想政治教育脱节的原因之一。因此，在大学生网络思想政治教育加入优秀传统文化要素，是将优秀传统文化融入大学生思想政治教育的渠道之一。其次，拓宽优秀传统文化互联网宣传方式。大学生网络思想政治教育不能把书本上的知识进行机械的转移，还需要结合网络传播特征以及大学生对网络的需求，加强形式多样的大学生网络思想政治教育。如可以将民族文化遗产、具有民族风情的艺术成果和科研成果、历史文物等转化为虚拟的数字化产品，放入大学生思想政治教育网站内；可以将历史人物故事制作成动画视频，吸引大学生眼球；还可以设置名言、名句板块，以优秀传统文化为内容，每日进行更新等。同时，各种网络语言在大学生中流行，因此，可以使用一些诙谐幽默的网络语言进行网站宣传。再次，邀请网站设计与维护人员对网站进行定期维护，学生能够顺畅并快速地进入网站浏览网页。

2. 在大学生网络思想政治教育中丰富优秀传统文化网络活动

随着网络信息化的快速发展，各种新媒体纷纷涌现并逐渐占领了人们尤其是青年大学生的生活，并慢慢地成为他们生活中非常重要的一部分。各类商家或机构为了达到自己盈利或宣传的目的，以各种活动吸引群众，纷纷占领网络等新媒体阵地。大学生思想政治教育要想守住网络这个重要阵地，增强自身的吸引力，并将优秀传统文化通过网络融入大学生思想政治教育中，就必须要充分利用网络这一资源，开发形式多样的优秀传统文化活动，吸引广泛大学生的网络参与。

第一，开展七嘴八舌话优秀传统文化活动。网络信息化的进一步发展，各种聊天软件、聊天工具（如微信、微博、QQ等）纷纷入驻大学生的日常生活并被大学生所青睐，大学生不出门便可以进行交友聊天。因此，可以充分发挥大学生网络思想政治教育这一平台的作用，利用微信、MSN、QQ、微博等聊天平台，创建沟通群，发挥同辈群体的作用。同时，在群讨论中，要精选出具有较高思想政治素质的群领导人，使其在讨论中强化对成员的引导，将大学生所关注以及讨论的优秀传统文化内容与大学生思想政治教育相结合。第二，丰富优秀传统文化网络活动形式。如可以让大学生自制讲课视频，开展传统美德网络大讲堂活动；可以开展以爱国主义为主要内容的网络书画展；还可以举办形式各样的优秀传统文化知识大竞猜等活动，吸引大学生的眼球并积极参与进来。同时，还可以通过手机短信、微信等方式每日为学生推送以优秀传统文化为主题的大学生思想政治教育信息。如以人物故事、风俗习惯的背后故事、成语典故、脑筋急转弯、笑话等为内容进行短信推送，使大学生在娱乐中感受中国优秀传统文化的魅力，增强文化自信心。

3. 开发具优秀传统文化内涵的大学生思想政治教育软件和游戏

各类软件，如英语口语练习软件、聊天软件、服装搭配软件、打车软件、网上订餐等和游戏随着科技的进步与发展，逐渐占据人们尤其是青年大学生的生活。大学生通过这些软件满足一些学习、人际交往、娱乐等生活需要。因此，大学生思想政治教育也应该与时代同步，契合大学生的实际需求，开发具有优秀传统内涵的大学生思想政治教育软件和游戏，使大学生能每时每刻、无处不在地接受思想政治教育。

第一，可以开发具有优秀传统文化内涵的思想政治教育软件。如集优秀教师的优秀传统文化课件以及"两课"课件、具有思想政治教育意义的优秀传统文化作品如影视、绘画、诗词歌赋等为一体的应用软件；集传统美德故事、历史爱国人物故事、各地风俗及背后故事等为一体的软件等。第二，开发富含优秀传统文化要素，并适合大学生的思想政治教育游戏。网络具有不受时间、空间限制的特点，因此，可以开发满足学生课余饭后娱乐休闲的需要，开发一类虚拟空间游戏。在虚拟空间中，学生可以进入任意一个历史阶段、扮演任何一个历史人物，体验当时发生的所有一切，如文天祥大义凛然为国牺牲的情景等。

第三章　非物质文化遗产在大学生思想品德教育中的地位

第一节　非物质文化遗产在大学生思想品德教育中的现状

一、受教育者对"非遗"认知的缺失

当前，很大一部分大学生是在 20 世纪 80 年代出生的。与此同时，中国改革开放正如火如荼地进行，80 后大学生亲身感受到了中国的累累硕果，也目睹了这些成绩给人们带来的好处，所以他们相信中国共产党，始终坚定地跟着党走。同时，在社会转型的关键时期，好奇心强烈的大学生受社会环境的影响，价值观念呈现多元化的特点。受市场经济功利主义的干扰，大学生行为方式发生新的变化，道德观念出现了滑坡，优秀的民族文化在大学生集体中丧失。

非物质文化遗产是中国传统文化重要组成。是由传承人保护、发展、沿袭下来的，是一定历史时代的产物，它有着极其重要的社会价值、科学价值、经济价值等多重价值。非物质文化遗产代代相传，传承的形式不拘一格，但它蕴含的思想情感和民族精神却稳定不变。

丰富多彩的民族传统文化，能够培养大学生的民族自信心和自豪感；同时，它对于改善目前大学生思想道德滑坡的现状具有重要的现实意义。目前，虽然"非物质文化遗产"已经成为文化领域里的一个时尚新潮的词语，但很多大学生并不知道这些活在现代的活化石，不清楚文化遗产日的具体时间，甚至混淆概念；更有甚者，良莠不分，把封建迷信当成非物质文化遗产的代表。从调查结果来看，大学生对非物质文化遗产认知缺失的现状令人担忧。在苏州大学开展的以"非物质文化遗产与大学生健康成长"为主题的座谈会上，仅有 3.8% 的大学生对非遗比较熟悉，而略知一二的大学生占到了 50.1%，从未听过"非遗"的学生高达 36.1%。由此可见，当代大学生非物质文化遗产知识的缺失程度是多么严重。当然，每所学校对非物质文化遗产的认知水平是不尽相同的，

每个学校的学生对其了解情况也不一样。但从总体来看，当今青年学子对非物质文化遗产的认识不深刻，特别是一些理工科院校，情况更不乐观。

与此同时，在激烈的社会竞争下，大学生不得不选择能给自己带来实惠的课程。他们认为非物质文化遗产是一定历史时期的宝贵财富，对当时社会各方面的发展意义重大，而在当下并不能直接创造经济价值，所以大学生更加注重文化成绩的提高而不愿学习蕴藏着传统美德的非物质文化遗产。正如武汉大学的刘智运所说，以目前来看，大学生一般在电脑、英语、数理化等基础理论方面能力并不低，"但社会责任感和工作责任感却不够。用人单位对他们的评价是文化水平不低而素质却不高"。大学生是社会主义事业的接班人，他们应该学习和发扬中华民族的优良传统美德。但是，目前有相当一部分大学生言行不礼貌，没有公德心，违背了中华民族的传统美德。总体来说，一些大学生以自我为中心，不愿付出爱心，目光短浅，缺乏远大的理想抱负，这应该引起高校思想政治教育的高度重视。同时，"非遗"在大学生思想道德建设方面具有重要的现实意义，学习非物质文化遗产是提高大学生自身修养水平的有效路径。

目前来看，大学生接触非物质文化遗产的途径稀缺。很多高校没有设置非物质文化遗产相关专业；图书馆对于这方面的馆藏，也是寥寥无几。即使大学生在高校课堂上选修到了相关的理论知识，但是在现实生活中也很难找到非物质文化遗产的踪迹。"非遗"在书本中被描述得再精彩，而实际生活中没有相应的对照物，大学生也是没有办法透彻地理解"非遗"的本质、价值意义等具体内容的。邓小平同志说过："问题解决得是不是正确，关键在于我们是否能够联系实际"。殊不知，在校园生活中，介绍非物质文化遗产的讲座少之又少；校园宣传栏上内容庞杂，大部分是关于社团活动、各种比赛的信息，唯独看不到非物质文化遗产这些字眼；学院走廊里挂满了名人头像，写满了励志名言，贴满了不知名的学生代表作品，单单没和非物质文化遗产相结合；学生宿舍里讨论的永远都是时代前沿的内容，大学生脑海里完全没有非物质文化遗产的概念。试问在社会上，在家庭中，有谁大张旗鼓地宣传过"非遗"的重要性，探讨过它的前途和命运，并尝试着把它和孩子们的思想教育放在一起呢？青年学生接受"非遗"知识的渠道这样狭隘，谈何能得心应手地应用它呢？

二、教育者思想上对其的不重视

教育者思想上对其不重视。其一，表现在教育者对"非遗"知识认识不深刻。非物质文化遗产内容丰富，形式多样。而教育者对"非遗"知识要么全然不知，要么略知皮毛，根本不能系统地论述讲解其中的奥妙。"非遗"的精粹也绝非一朝一夕就能掌握的，一些教育者单纯地认为，经过短期培训，他们是完全可以领悟其精神内涵的，这种投机取巧的想法是不可能成功的。教育者在教学过程中处于主导地位，对教学效果影响很大，当被学生提问到基本的"非遗"理论时，教师无言以对，这就会产生恶性循环，直接影响教学成效。教育者是直接面向学生的，没有学生的认可，教育者再怎么努力，也是枉然。不打无准备的仗，只有做足功课，积累经验，教育者才能游刃有余，积极应对大学生。

其二，表现在教育者不能准确把握非物质文化遗产和思想政治教育的契合点。高校思想政治教育队伍建设发展得好不好，关键在于思想政治教育载体能不能得到创新，"载体创新为高校马克思主义理论队伍建设提供了有效的方法和手段支持"，把非物质文化遗产应用在思想政治教育课堂上就是一种载体创新形式。教育者自身思想上不够重视，不能熟练地把"非遗"载体应用在大学生思想政治教育中。或者单方面认为："思想政治教育是不需要利用'非遗'资源来达到教学目的的，'非遗'知识也是不能为思想政治教育服务的，二者毫无关系。"譬如，对于社会上的一些不良现象和大学生价值观扭曲的事实，教育者认为非物质文化遗产并不能消除这些消极的社会思潮，也不能改善大学生道德受到冲击的现状。其实不然，非物质文化遗产传递的是中华民族和谐、仁义、团结、大爱的特性，这些正能量对社会、国家、个人来说意义颇大。虽然"非遗"不能彻底治愈心灵的创伤，不能彻底消除错误的导向，但它在防止不良趋势恶化、缓和失控情绪方面有重要作用。

其三，表现在教育者缺乏素质教育的理念。目前，在高校思想政治教育课堂上，教育者重视专业教学、轻道德培养的意识较为严重。"我们的学校放在首位的是什么？是数学、语文、英语"，或者说重智育轻德育的现状仍然没有扭转，造成了不好的后果。当前，高校主要是通过理论课对青年学生进行专业的思想政治教育。大学生通过学习理论课程，找到了方向，受到了鼓舞，坚定了信念。但是，高校里普遍存在大学生对思想政治教育理论知识不感兴趣的怪象，其中有一个很重要的原因就是非物质文化遗产知识在课堂上运用得不够，教学安排上没有具体生动的实例，教学内容枯燥乏味。教育者只知道理论知识的满堂灌，不注重道德素质的培养，不注重方式方法的创新，不会利用有效的思想政治教育资源（传统文化、非物质文化遗产等）。高校思想政治教育课的根本任务是"培育有理想、有道德、有文化、有纪律的一代社会主义新人"，而终极目标是要提升他们的政治觉悟水平和道德修养，塑造优质的人格，使大学生成为幸福之人，和谐之人。非物质文化遗产是优秀文化的综合体，凝聚着真善美的思想，对内心浮躁的大学生有很好的启迪作用。

由于教学成绩和职称评定紧密相关，许多教育者狠抓成绩，课堂上不讲与课本无关的"废话"，根本就没有"非物质文化遗产是思想政治教育重要资源和有力抓手"的理念，当然也绝不会引经据典，把非物质文化遗产和大学生的实际思想状况结合起来；课下老师布置大量的作业，导致学生没有闲暇的时间和精力参与有益于身心健康的实践活动，这种教学方式严重打击了大学生的积极性，消磨了其创新精神和个性，使其渐渐沦为考试的机器，这与国家倡导的"素质教育"是完全相悖的。从长远来看，这种教育模式不但不利于学生的身心健康，反而会让他们变得优柔寡断、高分低能。非物质文化遗产教育本质上是一种素质教育，是值得尝试和操作的。

这种把考试分数作为衡量教学成效唯一标准的"知识本位"的传统教学，"学而优则仕"的教学理念，严重扼杀了个体的主动性、灵活性，可以说危害很大。我国当前的应试教育制度，由社会主义性质决定，由我们国家的基本国情决定，根深蒂固，在短时间内不会改变。但是，非物质文化遗产确实可以让思政课堂变得更有趣味，更有魅力。一方面，大学生了解到了民族的文化精粹；另一方面，在娱乐中加深了对思想政治教育理论知识的理解和认同。

很多高校对非物质文化遗产相关专业没有一个正确的认识。一方面，学校认为非物质文化遗产毫无价值，"华而不实"。受市场经济功利主义的影响，高校往往会开设更多的热门专业，如金融、贸易、法学等，单方面认为"非遗"相关的冷门专业不会给学校带来利润，所以高校不愿意花费巨资来安排教学设施、培养相关师资。这其中有一个很重要的原因——大学生本身对"非遗"不感兴趣，因为他们认为选择"非遗"专业，就面临着单一的就业渠道，只能从事与此相关的工作。而且"非遗"专业的毕业生就业率不高，大学生一毕业就失业的现象屡屡发生。另外，由于经费不足，传承人往往捉襟见肘，生计困难。可以说选择了非物质文化遗产，就是选择了清贫。所以大学生极不情愿选报"非遗"相关的专业。另一方面，少数高校愿意"摸着石头过河"，但开设的"非遗"专业粗枝大叶。例如，一些专业名称的修改呈现"换汤不换药"的怪象。原来是音乐专业，现在却打着幌子改成了"民族音乐专业"；原来是设计专业，现在也打着"非遗"的旗帜改成了"传统技艺专业"；原来是戏曲专业，现在也挂着"非遗"的牌子，改成了相关的"传统戏剧专业"。高校里"挂羊头卖狗肉"的现象不断上演。这些专业表面上看与非物质文化遗产相关，实际上内容庞多，错综复杂，一点儿也不专业。高校不理性的行为，导致大学生不能从深度上挖掘"非遗"的"存在合理性"。

三、社会上"非遗"外传受到了阻碍

大学生接触不到非物质文化遗产的原因错综复杂，其中我们不能忽视一个很重要的因素——传播者本人。一些传播人打着："要知道并不是任何非物质文化遗产都是可以随便外传的，一些绝密的技艺技能艺术，只允许在家族内代代相传，若要公开到社会上，那就可能坏了家族规矩，是不道德的"等这样那样的旗号公然和社会唱反调。比如，在某些地区，有些太极的招式就是决不对外传播的。基于这种原因，"非遗"传承人就会有所保留地把非物质文化遗产引入高校校园。众所周知，按照有关规定，不管是国家级还是世界级的非物质文化遗产，原则上是要求对外开放的。只不过在层层传播的过程中，有些传承人出于私心根本没有做到。比如就剪纸艺术来说，有些地方的传播人在经济利益的诱惑下，不想把手艺外传，而只在有裙带关系的人群中集中传承。传承人的这种自私自利行为，不仅会对非物质文化遗产本身产生不良影响，更重要的是对整个社会、整个国家、整个民族来说是一种莫大的耻辱。大学生往往心灵纯洁，正义感强烈，趋向于明辨是非，黑白分明，所以他们在一定程度上会厌恶传播人的这种另类行为。种种因素导致大学生没有信心去了解非物质文化遗产，学习非物质文化遗产，然后学习致用了。

第二节　非物质文化遗产的概念及特点

一、非物质文化遗产的概念

目前，关于非物质文化遗产概念的界定和非物质文化遗产特征的阐述，虽然学者在表述上不太一样，但在实质内容上还是基本一致的。

"非物质文化遗产"是和"物质文化遗产"相对的，这个概念的产生并不是源于文化种类的新增，而是在原有基础上对文化的重新认定和剖析。其中龙先琼有个典型观点：非物质文化遗产的内涵应该包括历史环境、传承载体、精神实质三个层次，非物质文化遗产是具有鲜活生命力的文化形式或文化形态，是"具有体系结构和丰富内涵的文化'生命体'"。侯洪澜和启明认为，非物质

文化遗产"就是传统文化中那些在一定民族文化心理或风俗中被认同的、具有生命活力的不断变化发展的文化形态和文化方式",既包含"物质"的因素,也包含"非物质"的因素。

2003 年 10 月 17 日,联合国教科文组织在巴黎通过了《保护非物质文化遗产公约》,标志着一个新的概念——"非物质文化遗产"正式以国际性法律文件确定了下来。非物质文化遗产对大多数人来说,是一个既熟悉又陌生的概念。说熟悉,是因为非物质文化遗产概念所指的对象,多数是在人们生产、生活中产生并与人们朝夕相处,如传统戏曲、传统舞蹈、传统音乐、民俗等。说陌生,则是因为这些生产、生活中十分熟悉的对象,却被置于一个陌生而拗口的名称之下,这让很多人感到莫名其妙。那么,非物质文化遗产概念究竟是怎样提出来的,又经过了哪些流变呢?

现在学术界公认,非物质文化遗产概念是受日本"无形文化财"概念启发而提出来的。日本在第二次世界大战结束后的第五年(1950 年)通过了一部法律——《文化财保护法》,旨在保护日本的文化财产(即文化遗产)。这部法规,把文化遗产分为五种形式:有形文化财、无形文化财、民俗文化财、纪念物、传统建造物群。其中的无形文化财与今天的非物质文化遗产相似,但又不尽相同。日本的无形文化财概念在世界上产生了一定的影响,韩国随后也出台了自己的《文化财保护法》,也用到了"无形文化财"的概念。

1972 年 10 月 17 日至 11 月 21 日,联合国教科文组织大会在巴黎召开第17 次会议,会上通过了一个历史性文件——《保护世界文化和自然遗产公约》(简称《世界遗产公约》),对世界遗产做了界定、分类,制定了在世界范围内的保护措施。《世界遗产公约》中的世界遗产实质上专指物质性遗产,并不包括非物质文化遗产。在这次会议上,一部分会员国提出应在联合国教科文组织内制订与非物质文化遗产有关的国际标准文件的建议。但这个建议直到十年后才真正被联合国教科文组织所认可并逐步付诸实施。

1982 年,联合国教科文组织下属世界遗产委员会在墨西哥会议文件中首次运用了"非物质文化遗产"概念,但用"民间文化"来表述。1985 年,保护民间文学政府专家第二次委员会文件涉及非物质文化遗产时仍然沿用这种表述。到了 1989 年 11 月,联合国教科文组织在巴黎召开的第 25 届大会上通过《关于保护传统文化与民间创作的建设》,则用"传统文化与民间创作"来表述"非物质文化遗产"。定义是:"民间创作(或传统的民间文化)是指来自某一文化社区的全部创作,这些创作以传统为依据、由某一群体或一些个体所表达并被认为是符合社区期望的作为其文化和社会特性的表达形式；其准则和价值通过模仿或其他方式口头相传。它的形式包括语言、文学、音乐、舞蹈、游戏、神话、礼仪、习惯、手工艺、建筑及其他艺术。"

1998 年，联合国教科文组织在《宣布人类口头与非物质遗产代表作条例》中才开始使用与"非物质文化遗产"相近的术语"非物质遗产"，让其与"口头遗产"共同表述"非物质文化遗产"概念。联合国教科文组织执委会第 154 次会议指出，由于"口头遗产"和"非物质遗产"是不可分的，因此在以后的鉴别中，在"口头遗产"的后面加上"非物质遗产"的限定。这种做法在联合国 2001 年《世界文化多样性宣言》（该宣言指出："文化多样性对人类来说，就像生物多样性对维持生物平衡那样必不可少，从这个意义上说，文化多样性是人类的共同遗产，应当从当代人和子孙后代的利益予以承认和肯定。"）与《人类口头和非物质遗产代表作名录》、2002 年《伊斯坦布尔宣言》等正式文件中一直被沿用。

2003 年，联合国教科文组织通过的《保护非物质文化遗产公约》最终明确规定"非物质文化遗产"名称和概念。显然，非物质文化遗产概念是首先个别国家提出来，然后影响了联合国教科文组织。联合国教科文组织对非物质文化遗产概念的认识也经历了一个从无到有、从不完善到完善的发展过程。从"民间文化""传统文化与民间创作""口头和非物质遗产"到"非物质文化遗产"，名称发生了多次变化，内涵也随之发生了相应变化。

首先，"民间文化"概念因具有标示非物质文化遗产民间性特征之作用，在强调重视弱势文化要求下运用这个概念具有它的积极性，但就学理而言却存在不可忽视的问题。第一，民间文化也指"物质文化"，并不专指"非物质文化"；第二，非物质文化不只存在于"民间"，故民间文化不能涵盖所有的非物质文化；第三，民间文化也指新生文化，不专指文化遗产。所以，民间文化与非物质文化遗产不是对等的概念，不能用来专指非物质文化遗产。

其次，"传统文化与民间创作"曾是一个非常宽泛的概念，与"民间文化"在意义上有一定的关联，但联合国教科文组织并不是在广义层面运用它，而是注意到了其狭义层面的意义，即口头创作或口传遗产的意义，这样做固然抓住了口传类的非物质文化遗产，却搁置了非口传类的非物质文化遗产，所以也不是一个科学、准确的概念。

再次，"口头和非物质遗产"概念的出现，是对只重视口传遗产偏狭的纠正，但却陷入另一种逻辑泥坑。把作为后者一部分的口传遗产与非物质遗产并列，使两个具有包含关系的种属概念被误作为并列关系，这种做法自然是不够严谨的。直到《保护非物质文化遗产公约》的出台，一个全新的概念随之出笼了。从表面上看，通过国际法律规定了的非物质文化遗产概念似乎不再存在以上诸缺陷了，人们对非物质文化遗产概念的讨论似乎也该尘埃落定了，但问题并没有这么简单，。

总之，联合国教科文组织是从保护遗产的现实需要，提出并不断修正"非物质文化遗产"概念的。先是从保护物质类遗产需要提出"世界遗产"的概念，后来鉴于物质类世界遗产之外还有许多非物质类遗产需要保护，于是提出非物质文化遗产的概念。对其先用"民间文化"称之，后用"传统文化与民间创作"名之，再后用"口头和非物质遗产"表述，最后才确定为"非物质文化遗产"。"非物质文化遗产"概念就这样在提出与不断修正的过程中慢慢浮出水面，成为一个法定概念。

非物质文化遗产的价值基本上可以概括为三个方面。一是"认知"价值，"非遗"可以使人们深刻地理解传统文化的多样性，较好地认识、熟悉民族文化传统血脉，从而增强人们的保护意识；二是"经济"价值，当今社会上之所以出现了保护"非遗"的滚滚热潮，就是因为人们看到了"非遗"有巨大的经济价值，它所产生的经济利益是不容忽视的，譬如传统医药项目能产生巨大的利润，成本少但销售价高，深受大家欢迎；三是"促进"价值，"非遗"是优秀传统文化的集合体，它蕴含的强烈的民族精神、天人合一的和谐理念教育了一代又一代中华儿女，它不但能促进个体的全面、健康发展，而且能促进整个社会的和谐、可持续发展。

二、非物质文化遗产的分类

（一）《保护非物质文化遗产公约》前的分类

早在《保护非物质文化遗产公约》出台之前，一些文件曾就非物质文化遗产的分类问题作过论述。联合国教科文组织于 1989 年公布的《保护民间创作建议案》，开创性地介绍了民间创作的含义及分类，将民间创作分为礼仪、舞蹈、音乐、文学、手工艺术等 10 个种类，非物质文化遗产的分类工作以此为鉴。1998 年的《宣布人类口头和非物质遗产代表作条例》使民间创作改头换面，戴上了口头和非物质遗产的帽子，并对民间创作的主要表现形式做了一点补充，即传播与信息的传统形式，至此种类达到了 11 种。另外将人类口头和非物质遗产划分为各种传统文化表现形式和文化空间两大类。从内容上对比这两份文件，可以归纳出：人类口头和非物质遗产包括礼仪、舞蹈、传播与信息的传统形式等 11 种传统文化表现形式和文化空间两大类。

（二）《保护非物质文化遗产公约》及以后的分类

《保护非物质文化遗产公约》（以下简称《公约》）在总结和概括此前两个重要文件的基础之上，以更全面的视角对非物质文化遗产做出了至今仍被国际所认可和沿用的定义和划分。非物质文化遗产的定义中提到了"文化场所"，其实文化场所就是指文化空间，虽然《公约》没有把文化空间单独作为一个类别呈现出来，但在 2001 年、2003 年、2005 年的人类口头和非物质遗产代表作名录中均能发现有些非物质文化遗产项目被划为文化空间类别。因此，非物质文化遗产的表现形式应包括文化空间。

我国将非物质文化遗产分为传统的文化表现形式和文化空间两大类别，与《公约》的五大类非物质文化遗产表现形式基本保持一致，以国家文件的形式明确将文化空间独立作为一个基本类别，使得非物质文化遗产的分类体系更加完善。需要说明的是，我国以联合国教科文组织公约为基准对非物质文化遗产所做出的分类，并没有遵循统一的标准。例如，口头传统、传统表演艺术、传统手工艺技能等三种表现形式是按照其本身的表现方式、方法来划分的。而民俗活动、礼仪、节庆、与自然界和宇宙的民间传统知识和实践等两种表现形式，是按照非物质文化遗产所属不同领域来划分的。虽然这种分法没有按照统一标准，各类别之间也没有明显的逻辑性、层次性，但是从我国非物质文化遗产的实际出发，能够在很大程度上满足保护和传承优秀传统文化的需要。另外，有些类别之间不存在绝对的界限，例如民俗活动、节庆中的傣族泼水节、黎族火把节等活动，从这些活动的文化特质和形式特点来看，也符合文化空间的定义，可以纳入文化空间的范围；口头传统和传统表演艺术之间也没有严格的界限，存在交集的现象，从语言艺术的角度来说，口头传统中的诗歌、童话故事等，属于口头传统，但往往伴有表演的形式，从这一层面来说，也属于表演艺术。因此，这样的分类体系并不是最完善的、一成不变的、止步不前的，而是开放的、包容的、有待进一步修正的模式，它随着人们在认识和保护非物质文化遗产的过程中，通过不断提高的实践水平和科学技术水平的支撑会得到相应的改善，继续往科学合理、更具体系化的方向发展。

三、非物质文化遗产的特点

（一）民族性

"民族性是指为某一民族独有，深深地打上了该民族的烙印，体现了特定民族的独特的思维方式、智慧、世界观、价值观、审美意识、情感表达等因素。"非物质文化遗产是人们认识、了解该民族文化的重要途径和标志性事物。我们可以由内而外地发现民族的个性化和独特性。从内在层次来看，民族的思维方式、价值观、审美情趣、生活态度、精神信仰等，不是一朝一夕所能形成的，是随着生产力发展水平而发生相应的变化，这种变化也不是暂时的、稍纵即逝的，在很长一段时间内具有较强的稳定性，这种稳定性淋漓尽致地体现在民族日常的言行当中；从外在层次来看，除了遗传的影响之外，各民族的种族、外在体征、服装、饮食、语言、风俗习惯、生产及生活方式等，由于生活的自然环境和地域环境的不同，造成了具有独特民族色彩的差异。无论是内在还是外在，非物质文化遗产受其影响颇深并得到了体现。各民族彼此间在经济往来的同时，还伴随着文化交往。当一种非物质文化遗产随着文化交流被传播到其他民族中时，其他民族并不是无条件地全盘接受，而是在自己现有文化的基础之上对外来非物质文化遗产进行改造创新，使其在具有其他民族文化特征的同时，更符合本民族文化的特性。2001年，在联合国教科文组织认定的非物质文化遗产代表作中，中国的昆曲艺术赫然在目。昆曲之所以能作为我国非物质文化遗产的典型代表，原因不仅在于它本身具有极高的艺术性，还在于其民族性。昆曲诞生于明代，历史悠久，体现了我国戏曲艺术的博大精深，对各朝代民族的文学传统、戏曲剧种、多种艺术形式兼收并蓄，其歌词、唱腔、唱段极富创造性和民族性，由于现代人们的审美观和昆曲所呈现出来的审美情趣之间存在差异，所以昆曲的传播范围在缩小，甚至可能会出现衰落趋势。

（二）地域性

　　每一个民族大都有特定的生活和生产地域，该地域内的自然环境是人文环境形成和变化的重要因素，也影响着该民族特色文化的形成，在一定程度上决定了该民族的文化特征。非物质文化遗产是特定民族在特定地域内运用自己的智慧和才智所创造的，它的产生、发展与该地域内特色的自然生态环境和人文环境休戚相关，只有在一定地域土壤的滋养下，非物质文化遗产才能得以继续生存和发展，才会有坚强的支撑。比如联合国教科文组织认定新疆维吾尔族的木卡姆艺术和蒙古族的长调民歌作为人类口头和非物质文化遗产代表作，这两种非物质文化遗产具有很强的地域性。非物质文化遗产的地域性不仅体现了民族性，同时也使民族性更加深化。随着人类社会交往越来越频繁，交往的范围和对象越来越广泛，在此过程中，有的民族难免会远离自己的家园和世代生活的地域迁徙到别的地方，非物质文化遗产失去了赖以生存和发展的物质基础，进而导致本民族的风俗习惯、语言、生产及生活方式、宗教信仰等慢慢被淡化，民族特色逐渐褪去，面临着被外来文化同化的境地。可想而知，这些非物质文化遗产将难以得到应有的保护、传承和发展。

（三）传承性

非物质文化遗产历经时代变迁，世世代代主要依靠口授心传的方式，通过指定传承人或特定群体保留下来，非物质文化遗产的存续离不开人类的活态传承，否则有可能面临支离破碎甚至消失的危险。需要依靠口授心传的非物质文化遗产，往往带有特定民族或家族的色彩，传承人的选择尤为慎重，有着自己的一套考察标准，或者是根据继承人与被继承人的亲密程度，或者是着眼于继承人个人的能力，抑或是依据继承人的诚信度和保密度。上一代人在确定继承人后，会毫不保留地亲自向其传授全部技艺、技巧、心得，使得下一辈人能更好地、更完整地把非物质文化遗产继续传承下去，正是这种代代相传的方式，让非物质文化遗产被后代所熟知，在继承中保护，在继承中发展，在继承中见证历史。

（四）活态性

非物质文化遗产的活态性主要表现在价值、存在形式、人的传承活动等方面发生的变化。作为一种宝贵的精神文化，非物质文化遗产的存在主要依靠传承人在继承上一代人的技艺、技能、技巧的基础之上，结合自身的实践经验对其进行合乎特定民族或群体的价值观、情感表达、审美情趣、民族心理甚至是民族精神的改造和创新，如果没有这些传承人的实际参与，非物质文化遗产就失去了存在的动力，也就谈不上所谓的活态变化。在世世代代相传的过程中，在与历史、现实社会、自然、周围环境的相处中，非物质文化遗产都应该紧跟时代步伐，做到不断创新与发展，让自己的生命延绵不息。这种文化遗产不是一成不变的而是鲜活的，在动态传承中凸显现实社会中所存在的优秀传统文化，在人民群众的劳动实践中实现传承，而实践又具有主观能动性。因此，非物质文化遗产的传承也是能动性的。虽然非物质文化遗产以精神文化的形态存在，但有的需要借助于具体的物质载体才能更直观生动地表现出来，透过物质形态的背后，我们依然能够感受到价值的传递。非物质文化遗产依赖语言、动作等形式展现出来，这些同样也是动态过程。

（五）独特性

非物质文化遗产作为一种艺术，是特定群体、民族或国家的文化象征、独特创造力的表达，表现形式多种多样，比如直观的物质成果、生产方式、风俗习惯、价值观、思想、生活态度等，都具有独特性，难以被完全复制，每一种非物质文化遗产都是与众不同的，即使相互之间有形式或内容上的相似，但都有各自独特性的地方。独特的民族基因、文化记忆、文化创造力是一个民族赖以存在和发展的基础，是民族独特性形成和发展的保证。非物质文化遗产恰好是民族记忆、文化创造力的鲜活体现，是民族精神、民族智慧的活态承载。人们在日常的生产和生活实践中，通过灵活运用集体的想象力和创造力，把本民族或者本区域人们别具一格的情感、思想、理想、价值观等精神因素寄托于非物质文化遗产之上。非物质文化遗产所蕴含的内容以及外在的表现形式虽然在生产生活发展水平的不同阶段会发生或多或少的变化，但都是他们现实生活的真实写照，也是区别于其他民族或区域的主要特征或标志。譬如南京云锦艺术是一种丝织手工制作技术，这种技术对技艺的能力要求非常高，在科技发展水平较高的现代，先进科技的投入使用为许多手工艺产品的制造提供了便利，使手工艺产品的规模化、批量生产成为现实，但南京云锦艺术是个例外，现代科技目前还不能机械化生产出如此精美的产品，其独特性无法被完全模仿和复制，精湛的技艺和丰富的创造力为世人所惊叹。

对非物质文化遗产特征的研究，是与对其概念的研究密切相关的，是概念研究的补充和延伸，无论是从学理上还是从实践需要上考虑，都是十分必要的。对这个问题的研究，学术界关注较多，比较有代表性的有向云驹、王巨山、李世涛等。向云驹概括为"综合性""集体性""传承性与传播性""民族性与地域性""模式化与类型化""变异性"和"象征性"等，王巨山概括为"可接受性""目的性"和"非孤立性"等，李世涛概括为"独特性""活态性""传承性""变异性""综合性""民族性"和"地域性"等，我们此前也撰文对此作过专论，概括为"传承性""社会性""无形性""多元性"和"活态性"等。可见，由于学术背景、学术视角和思维方法的差异，大家对这个问题的认和表述虽有不同，但基本精神是一致的。若从非物质文化遗产与物质文化遗产相比较的角度看，对这个问题的研究，还是有待深入的。如果说概念研究和特征研究试图解决非物质遗产是什么以及如何将其与其他遗产区别开来等问题的话，类型研究则是在非物质文化遗产内部所进行的分析，试图对各种各样的非物质文化遗产按照一定的规则进行系统化的谱系编排。目前对这方面的研究，相对于概念研究和特征研究更显薄弱。

第三节　非物质文化遗产在大学生思想品德教育中的价值

不同民族、国家或地区非物质文化遗产对同一个人或群体而言，其价值是不同的。同样，同一非物质文化遗产对不同民族、国家或地区的个人或群体而言，其价值也是不同的，这是非物质文化遗产价值的特殊性表现。但是，不同民族、国家或地区非物质文化遗产的属性、功能可以超越民族、国家或地区的差异性而满足人类共同的文化需求；不同民族、国家或地区的人也能超越自身局限而对他民族、国家或地区的非物质文化遗产产生相同或相似的价值诉求，这是非物质文化遗产价值具有普遍性的表现。非物质文化遗产的普遍价值有记忆价值、传承价值、审美价值、基因价值、学术价值和经济价值等。

一、非物质文化遗产的普遍价值

（一）记忆价值

一个人一旦丧失了记忆，就会感到恐慌和无所适从，从而不能正确评价和把握自己的现状和未来。同样，一个民族、国家若丧失了记忆，没有了历史，也会陷入恐慌和无所适从的境地。所以，人类离不开记忆，离不开历史。

联合国教科文组织前任总干事马约尔在《文化遗产与合作》的前言中说："保存与传扬这些有历史性的见证，无论是有形文化遗产还是无形文化遗产，我们的目的是唤醒人们的记忆。……事实上，我们要继续唤醒人们的记忆，因为没有记忆就没有创造，这也是我们对未来一代所肩负的责任。"《联合国教科文组织发展纲要》说："记忆对创造力来说是极端重要的，对个人和各民族都极为重要。各民族在他们的遗产中发现了自然和文化的遗产，有形和无形的遗产，这是找到他们自身和灵感源泉的钥匙。"

人类为了保存和研究自己的记忆，便产生了历史学。正如罗素所讲："在所有人类借以获得知识国度里的公民权的各种研究之中，没有任何一种像对过去的研究那样不可或缺的了。懂得世界是怎样发展到了我们的个体记忆所从而开始的那一点，懂得我们所生活于其中的各种宗教、各种制度、各个民族是怎样变成为它们现在的样子，熟悉其他时代的伟大人物、熟悉与我们自身大为不同的各种习俗和信仰——所有这些东西，对任何有关我们自己地位的意识、对任何摆脱与我们自己教育上的偶然境遇，都是不可或缺的。历史学之价值，不仅仅是对于历史学家，不仅仅是对于档案和文献的专业学者，而且是对于一切能对人生进行思考性的观察的人。"

人类记忆历史主要采取两种方式。一是以文字记载为主，辅以史迹、遗物、图像等形象史料，比较系统、逻辑地叙述某个民族、国家的历史；二是通过世代口传心授方式记录、叙述某个民族、国家或地区的历史。这代表了两种不同的文化记忆。前者更多代表社会强势群体或话语权拥有者的记忆，往往以所谓"正史"面貌呈现，如中国从殷商的甲骨卜辞、《尚书》《国语》《春秋》《战国策》等先秦史录到以《史记》开始的"二十四史"，从其内容和倾向看，更像是帝王的家谱史；后者则更多代表社会弱势群体或不具有话语权者的记忆，往往以所谓"野史""杂谈"或神话、传说、史诗、民歌等面貌呈现，如野史笔记、民族史诗和民间传说等，除少数后来被文字记载或整理外，多数通过民间口传心授流传，从其内容和倾向看，则更像是普通老百姓的历史，也是一个民族、国家真正的历史。

民间口述神话、传说、史诗、民歌等，就性质而言都属于非物质文化遗产，就价值而言则都是人类的历史记忆。研究古代非洲帝国和非洲文明的著名学者 A. 哈姆帕特·巴为了撰写《马西纳富拉尼帝国史》，曾耗费 15 年时间，在非洲大陆广泛收集有关该帝国的历史传说，记录了至少 1000 个人的讲述。他得出的结论是："我发现，整个来说，这一千位陈述人尊重了事实真相。历史的主线处处相同。"更加令人惊奇的是，当他把这些传说与半个世纪前收集的同一传说相对照时，竟然只字未变。"概言之，非洲人的记忆记下了史实的整个实况：环境、人物及其言谈，直到细枝末节。"

史诗作为一种非物质文化遗产，在人类文化发展史上占据着重要的位置。希腊史诗、印度史诗、巴比伦史诗、芬兰史诗等都成为一个民族或一个国家文化的象征和文明的丰碑。从希腊神话《伊利亚特》和《奥德赛》、苏美尔神话《吉尔伽美什》、印度神话《罗摩衍那》和《摩诃婆罗多》、日耳曼神话《尼伯龙根之歌》、盎格鲁－撒克逊神话《贝奥武甫》，到法兰西的《罗兰之歌》、西班牙的《熙德之歌》、古罗马的《埃涅阿斯纪》，世界上所有的古老文明都在远古留下他们的故事和歌谣。史诗不仅是民间文化的宝库，是民族精神的标本，更是一个民族的心灵记忆。

黑格尔认为，史诗是一种用韵文形式记叙对一个民族命运有着决定性影响的重大历史事件以及歌颂具有光荣业绩的民族英雄的、规模宏大的、风格庄严的古老文学体裁。它所表现的并不是主体的空洞情感或纯粹个人的偶然幻想，也不是少数人的孤立的狭隘行为，而是"全民族的大事"以及"全民族的原始精神"。"每一个伟大的民族都有这样绝对原始的书，来表现全民族所特有的原始精神。""只有一个时代、一个民族的精神才是史诗的有实体性的起作用的根源"，也只有"一种民族精神的全部世界和客观存在，经过用它所对象化成为具体形象，即实际发生的事迹，才能构成正式史诗的内容和形式"。唯其如此，一部史诗才成为一个"民族精神标本的展览馆"和具有永久价值的全民族的经典。

我国的三大英雄史诗——《格萨尔》《江格尔》和《玛纳斯》，是藏族、蒙古族和柯尔克孜族的民族历史记忆。其中，《格萨尔》是自11世纪以来，在藏族和蒙古族古老的神话、传说、故事、歌谣、谚语等民间文学的基础上，由民众集体创作和世代传承的蒙藏史诗，是世界上规模最大、演唱篇幅最长的英雄史诗。《格萨尔》共有120多部、100多万诗行、2000多万字，篇幅远远超过了世界几大著名史诗的总和。整部史诗分为三个部分：降生、征战、返回天界，通过讲述藏、蒙民族英雄格萨尔凭借自己非凡的才能和诸天神的保护，降妖伏魔、锄强扶弱，给人间带来幸福与安宁的传奇故事，展示了古代藏族社会从以血缘关系为纽带、以部落联盟为核心组成的部族向以地缘关系为纽带的民族共同体的演变的历史面貌，是关于古代少数民族社会历史、民族交往、道德观念、民风民俗、民间文化等的百科全书，这部口头传承了千年的宏伟史诗，被国际学术界称作"东方的《伊利亚特》"。

传说、史诗之外大量存在的非物质文化遗产如传统音乐、传统戏曲、传统舞蹈、曲艺、杂技与竞技、传统手工技艺、民间美术、传统医药、民俗等都是人类的记忆，它们共同构成了丰富多样且多层的人类记忆宝库。其中，有通过音乐、戏曲、舞蹈、美术、曲艺等形式展示的人类认识美、创造美的历史记忆，有通过杂技与竞技、传统手工技艺、传统医术等形式展示的人类技巧、技艺、医术发展的历史记忆，更有通过民间信仰、传统节日、传统仪式等形式展示的人类宗教性、群体性、仪式性心灵活动的历史记忆；有家族的历史记忆，有族群的历史记忆，有地区的历史记忆，也有国家的历史记忆。

人类有了对自己过去实践、认识和心灵的记忆，才有了把握现实和未来的参照，才能不断调整自己的实践、认识和心灵的方向，使自己沿着正确的道路前进。所以，人类要重视自己的历史，不仅要重视文字与物质文化遗产记录的历史，更要重视非物质文化遗产记录的历史。从某种意义上讲，后者比前者更重要，因为非物质文化遗产是活着的文化传统，是通过人类代与代之间直接精神交流来传承的文化，它所记录的历史比文字与物质文化遗产记录的历史更直观、更真实、更全面、更生动。从人类诞生到今天，用非物质文化遗产表达自己思想比用文字与物质文化遗产表达自己思想的人要多得多。

（二）传承价值

非物质文化遗产作为人类活的代际文化，不仅保存了人类过去的文化足迹，是人类追忆过去、缅怀历史的载体，而且展示了人类文化发生、发展与演变的历程，是人类继承并发展文化传统的对象与媒介。

非物质文化遗产与物质文化遗产最大的不同，就在于非物质遗产是一种代际传承的正在进行的活的文化实践过程，物质文化遗产是一种过去完成的死的文化实践结果。这种不同，直接决定了二者在文化传承方式与内容上的不同。与物质文化遗产主要通过继承人类祖先的"遗留物"来感知和传递文化不同，非物质文化遗产是通过重复参与祖先的"饱含某种精神的实践"来传递和发展祖先的"某种精神"。显然，非物质文化遗产比物质文化遗产能够更直接、更生动、更有效地传承人类文化。因为人类通过重复参与祖先曾从事过的相同或相似的文化实践，往往能体会到祖先从事这一文化实践的感受和心情，在心灵上与祖先有一种亲近感和认同感，从而对祖先的某种精神产生认同，自觉而有效地传递这种精神。这种精神正是一个具有共同祖先的群体、民族或国家的凝聚力的具体体现。

大量关于村落、社区、民族、地区和国家非物质文化遗产传承的个案考察，都表明了非物质文化遗产的文化传承价值。非物质文化遗产的文化传承价值具有多样性，不仅因地区、民族的不同而不同，呈现出地域性、民族性等特点，且因非物质文化遗产表现形式的不同而不同，既表现为民族心理、民族习惯、信仰、宗教、思想等观念、精神的传承，又表现为音乐、舞蹈、美术、曲艺、戏剧等艺术观念和能力的传承，还表现为体育竞技、杂技、手工技艺、中医药知识和技能等应用性知识和技能的传承。

几乎每个民族都有祭祀神灵或纪念祖先的非物质文化遗产活动。对于土家族而言，这种活动就是茅古斯，土家语称为"古司拨铺"，意即"祖先的故事"，汉语多称为"茅古斯"或"毛猎舞"。它是土家族为了纪念祖先开拓荒野、捕鱼狩猎等创世业绩的一种原始表演形式，流行于湘西永顺、龙山、古丈等土家族地区。主要于每年岁首在土家族摆手舞中作穿插性表演，也有在一定场合的单独表演。茅古斯以近似戏曲写意、虚拟、假定等技术手法，表演土家族祖先渔猎、农耕、生活等内容，既有舞蹈的雏形，又具有戏剧的表演性，两者杂糅交织，形成浑然一体的祭祀性舞蹈。茅古斯这种非物质文化遗产实践的传承价值是多方面的。其一，祭祀、纪念祖先，传承祖先的开拓精神；其二，展示传统的渔猎、农耕等生产过程，传承民族生产和生活知识与技能；其三，采用舞蹈、道白等方式模拟远古先民劳动和生活的故事情节，传承艺术观念和技能。对于藏族而言，传颂民族史诗《格萨尔》就是传承藏民族的民族精神。民族精神是一个民族赖以生存和发展的精神支撑，是一个民族特有的精神风貌，它是民族文化、民族智慧、民族心理和民族情感的客观反映，是一个民族价值取向、共同理想、思维方式和文化规范的集中体现。从本质上说，民族精神集中了一个民族文化的精华，是一个民族文明程度的重要标志。民族精神还是维系民族的纽带，是民族发展的动力，是一个民族自立于世界之林的支柱。人类社会发展的历史证明，没有强大的物质力量，一个民族不可能自尊、自立、自强；没有强大的精神力量，一个民族同样不可能自尊、自立、自强。"在果洛甘德县有一个德尔文部落，德尔文部落的人说自己是格萨尔的后代，所以他们家乡的山山水水都有格萨尔的风物传说，而且这个部落的人从80多岁的老人到几岁的孩子，每个人都会说唱一些格萨尔。这个部落也出了几名优秀的说唱艺人，其中有一名非常有名的说唱艺人——昂日，2004年曾经去北京，在纪念《格萨尔》千年大会上给大家演唱。在这个部落中，人们都认为他们有一种责任、一种使命，要说唱《格萨尔》、要弘扬格萨尔的丰功伟绩，要把传统的格萨尔延续下去，所以我们在多次的采访中发现，这个部落的老人孩子都会唱，甚至连5岁的小孩子都能唱上几段《格萨尔》，确实是非常感人。"

乔晓光说："在陕北，古史记载黄帝族最早崇拜的'龟、蛇、鱼、蛙'，即使在陕北自然生态环境变化以后，此类动物的民间剪纸样式现在依然存活且相当流行。又如陇东的'鹿头花'剪纸，反映了早期狩猎、农业采集时代'鹿角崇拜'、'物候立法'的文化内涵，今天陕北、山西、河北等黄河流域乡村大量的'瓶里插花'剪纸纹样，即是'鹿头花'原型的变体，其中承传遗存着早期农业文化的信息。还有许多古老的民俗礼仪，也都和早期农业文化有着直接的联系，如南方的傩戏、北方的社火、淮阳的人祖庙会、陕北的'转九曲'以及少数民族诸多的习俗节日和祭祀节日。"

刘魁立在《从人的本质看非物质文化遗产》中说："河北省内丘县的一些妇女，每年围绕农历七月初七都进行一项民间信仰活动：制作他们所称的'天棚'和'地棚'。在大约六平方米大小的纸上粘贴她们制作的剪纸，剪纸的内容是关于牛郎织女鹊桥相会的情景和她们心目中天上的星宿结构等（天棚），以及

'地母后土娘娘，'驮载大地'的鳌鱼、往来于人间和彼界的舟船等（地棚做好之后，在七月初七这一天，祭拜'天棚'和'地棚'，然后焚烧。制作天棚、地棚的最终'目的'不是为了欣赏、不是为了展示，而是为了'焚烧'。制作就是为了最终'销毁'，而'销毁'则意味着更高层次的'存在'。这一活动的性质既不像'黛玉焚诗'，也与职业艺术家的审美实践有着根本的区别。这种集信仰、审美以及其他于一身的活动的本质性内涵，不体现在具体的物质对象当中，那仅仅是外在的物化了的介体、方式和手段。这项活动的本真意义，尽在参与活动人们的心里，在他们意念中的上界对象的心里，在人与上界的联系当中，在整个活动过程当中。"

（三）审美价值

考古发现证明，人类早在原始时代就有了审美意识和审美活动。许多非物质文化遗产都具有很高的审美价值。非物质文化遗产的审美价值总是和记忆价值、传承价值相联系，甚至依附于二者。非物质文化遗产的审美价值是不断变化发展的。非物质文化遗产审美价值的被发现和被发展，对非物质文化遗产曾经产生了两个方面的影响。一方面，它使得一部分非物质文化遗产因脱离它的生存土壤而导致衰落或死亡；另一方面，它使得一部分非物质文化遗产因为受到权力话语者的重视、保护而获得发展的条件和机遇。

非物质文化遗产与物质文化遗产在审美价值上相比具有自己的特点。物质文化遗产的审美对象是物本身，人类通过物来关照凝聚其中的美，审美者不参与美的创造活动；非物质文化遗产的审美对象是活动过程，人类通过对活动过程整体（包括其中的人与物）的把握来体验其中的美，审美者参与美的创造活动。马克思说："任何神话都是用想象和借助想象以征服自然力，支配自然力，把自然力加以形象化；因而，随着这些自然力之实际上被支配，神话也就消失了……希腊艺术的前提是希腊神话，也就是已经通过人民的幻想用一种不自觉的艺术方式加工过的自然和社会形式本身。"

"联合国教科文组织认识到一个国家的有形文化是一个民族的标志，那么民间的非物质文化遗产（主要指活态文化遗产）也同样是识别一个国家和民族的标志，重要的是这些活态的文化遗产是一个民族向现代发展的生命源泉，是民族凝聚力和情感动力的源泉。比如，哈尼族对'梯田文化'的热爱是其他民族不能比拟的，从儿童的'梯田游戏'到成人和梯田相关的礼俗十分丰富，并且很高级、也很现代。但农民仍是自发的传承文化，不是一种自觉的文化意识。"

（四）基因价值

生物的多样性，是由生物基因的多样性决定的。每种生物都有自己特殊的基因，改变生物基因是改变生物品种的重要手段。中国工程院院士袁隆平在1964年首先提出培育"不育系、保持系、恢复系"三系法利用水稻杂种优势的设想，1970年与其助手李必湖和冯克珊在海南发现一株花粉败育的雄性不育野生稻，成为突破"三系"配套的关键，育成中国第一个大面积推广的强优组合"南优二号"，并研究出整套制种技术，被同行誉为"杂交水稻之父"。袁隆平的成功与其发现了野生水稻基因密不可分。所以，保持生物多样性是生物可持续发展也是人类社会可持续发展的条件。为此，人类制定了一系列的法规来保护生物基因的多样性存在。

同样，人类文化也存在可持续性发展的问题，而且这种发展对人类的影响更大。而要促使人类文化的可持续发展，就不能不在文化基因多样性保护上下功夫。人类经济的迅猛发展，不断威胁着文化的多样性存在。经济要全球化，那么文化是否也要求全球化？全球化将对人类文化带来何种灾难？这些问题愈来愈引起人们的思考和重视。

与经济全球化发展过程中遇到的"国家堡垒""地区堡垒"一样，在文化面临全球化冲击的过程中，许多国家和地区纷纷发起"民族文化保护"运动。对这些新问题，理论界并没有做好思想准备，还不能提出一个超前的理论去引导人们。借鉴生物多样性保护的成果经验，人类感觉到了文化多样性保护的重要。在所有人类文化中，既能体现多样性又具有活力的文化，就是非物质文化遗产。非物质文化遗产为人类提供了丰富的、可持续发展的文化基因。非物质文化遗产最大的特点就是不脱离民族特殊的生活生产方式，不脱离具体的民族历史和社会环境，是民族个性、民族审美的"活"的显现。

2000年5月4日，联合国教科文组织总干事松浦晃一郎在日内瓦"瑞士国际政治论坛"上的报告《多元文化的保护和开发》一文中说："全球化趋势可能成为世界各民族密切关系的一个有利因素。但是不应因此而导致世界文化的一体化发展，不应该让一种或几种文化去支配其他文化，也不应该导致文化肢解性或同一性的重合。我主张要把人类文化多样性的保护和开发摆在一切工作的首位。"

刘魁立在《培育根基、守护灵魂——中国各民族民间口头和非物质文化遗产概述》中说："彝族人在长期的历史进程中，创造了绚丽多姿的民间口头语言民俗，别具一格的论辩艺术'克哲（kenre）'便是其中之一。它以民间口头传承的方式广泛流传在四川大凉山彝族的村村寨寨，成为家喻户晓、老幼皆知，并深为民众所喜爱的口承文学事象。'克哲'的传承场合一般是在民间隆重的婚嫁仪式上，论辩者作为赛手是姻亲双方各派请的一位知识渊博、具有雄辩才能的男子作代表，主方在前，数番轮回后，决出胜方。在表现形式上，'克哲'既可朗诵，又可歌唱，还可采取诵唱兼备的方式，而且，论辩者往往在歌唱时，还要双脚踏地为节，平缓地移动脚步，两手挥动察尔瓦（羊皮擀制的披风），翩翩起舞，以协调论辩的节奏，所以说克哲尚保留着彝族诗、歌、舞三位一体的原始风习。进行方式则是参赛的双方临场诵唱即兴创作的诗歌，互相盘驳、褒贬、盘古论今、引经据典，以能够达到'穷百家之词，困众人之辩'者为胜。通常整个'克哲'活动气氛活跃而紧张，双方的较量犹如龙争虎斗，扣人心弦，引人入胜，听众云集，给婚嫁仪式增添了热烈的氛围。"

（五）学术价值

联合国教科文组织指出人类非物质文化遗产代表作应该是在历史、艺术、人种学、社会学、人类学、语言学及文学方面有特殊价值，实际上在强调非物质文化遗产对相关学科的学术价值。

非物质文化遗产的学术价值表现在三个方面。第一，它是诸如历史学、艺术学、人种学、社会学、语言学、文学、民俗学、建筑学、工程学、工艺学、医学、体育学、舞蹈学、音乐学等学科的研究对象；第二，它为各门科学研究提供了丰富的研究材料；第三，它为各门具体科学研究提供了新的方法和思路。非物质文化遗产的历史学价值在于对"正史""书面历史"进行拾遗补阙，或者修正。对人类口传、行为文化历史的关注，对人类史前文化的关注，对人类弱势文化的关注，对文化历史与当下关系的关注，是人类历史观的进步，是历史学研究实践的进步。

非物质文化遗产的艺术学价值在于对原始艺术、民间艺术，及其与专业艺术关系的重视是空前的，这使得艺术学研究目光不再局限于专业艺术领域而变得更为广阔，也使得艺术学研究更加切近艺术活动，也更具有科学的意味。莫·卡冈在《艺术形态学》中指出："民间创作顽固地保留着原始艺术固有的两个方面的混合性，而在艺术生产发展中，这种混合性却受到目的明确的和坚决的扼制，导致了把艺术创作从人类活动的其他所有形式中独立出来，并导致了艺术掌握世界的各种方式——样式、种类和体裁——的内部划分。"罗伯特·戈德沃特在《现代艺术中的原始艺术》中也说："原始人的艺术扩展了我们有关什么是'艺术'的观念，使我们明白艺术可以有多种形式，可以扮演多种角色，也可以是综合意义和歧义的代表。原始艺术因此而意义深远。"

非物质文化遗产的人种学价值在于为人种差别与平等理论提供了丰富的证据材料，也为人种、民族学的科学发展创造了条件。印第安人有这样的神话传说：远古时代，地球上没有人类，上帝便修筑一个烘炉，捏了三个面人烘烤。过了一会儿，上帝从炉中取出第一个面人，因为火候不到，这个人的颜色十分惨白，这就是现在白人的祖先；又过了一段时间，上帝从炉内取出第二个面人，这个人火候恰好，颜色微黄浅棕，这就是印第安人的祖先，上帝看了十分高兴，竟忘了炉内的第三个面人；待上帝想起炉内还有一个面人并取出来时，火候过了，这个人的颜色便又黑又焦，这就是黑人的祖先。这个神话传说对我们了解印第安人的人种观念具有重要的参考价值。非物质文化遗产的社会学价值在于社会学所关注的制度文化、行为文化、民俗文化、原始社会等都是非物质文化遗产学所关注的范畴，非物质文化遗产特别关注的原始、民间文化及文化的集体、社会、阶层性都对社会学研究具有重要的资料和方法论意义。

非物质文化遗产的语言学价值在于：一是指语言多样性的价值，如濒危语言、稀有语言的科学价值；二是指无文字语言的语言学价值和"口头"价值；三是指不同语言所负载的不同民族文化的价值。根据国外学者统计，世界上已经查明的语言有6800种，有数以千计的语言处于濒危状态，包括170种北美印第安语言、250种澳洲土语、280种西非语言。非物质文化遗产对濒危语言的关注，可在一定程度上改善语言的生存处境。

非物质文化遗产的文学价值在于：第一，确定文学研究的新领域——非物质文学遗产研究；第二，开拓了文学研究的新思路——生态思维；第三，奠定了文学研究的新方向——研究与保护、传承紧密结合。把文学分为物质文学与非物质文学是非物质文化遗产概念对文学的一个重要启示，也是文学研究从偏重于书面的、文人的文学向口头的、民间的文学转换的一个标志。

非物质文化遗产的科学认识价值在于：某些非物质文化遗产本身就具有相当高的科学含量和内容，有较多的科学成分和因素。例如民族传统历法，如果能较好地解决计时和指导农、副、渔业生产的问题，就一定具有相当的科学内容和价值。我国传统历法——农历就较好地解决了计时和指导生产生活两大问题。农历又称阴历，实质是阴阳历，它早在秦汉时期就已形成。农历根据天体运动规律计时，安排大小月、闰月、平年和闰年，有良好的实用性和极高的科学性。农历中二十四节气的划分综合考虑了天文、气候、季节、物候、农作物生长等情况，反映了古人在与自然的交往过程中，对自然界发展运行规律一定程度上的科学掌握和认识，以及人作为自然界的一部分对这些规律的合理运用，因而长期以来很好地指导了农、副、渔业生产。

（六）经济价值

非物质文化概念的提出，本身是对片面强调物质文化的纠正，是对物质、经济价值取向的补充和调节。而且，人类物质经济的可持续发展最终还要依赖于文化的发展。因此，非物质文化遗产不仅包含了巨大的文化价值，而且潜藏了巨大的经济价值——是非物质经济的重要力量。

非物质文化遗产的经济价值主要体现在以下几个方面。①非物质文化遗产旅游经济；②非物质文化遗产品牌广告经济；③非物质文化遗产技术、技艺专利经济；④非物质文化遗产的生态经济，等等。

非物质文化遗产经济价值是一种客观的存在，已经被政府、企业和文化学者所普遍认可。很多地方已经把非物质文化遗产作为当地文化产业的重要内容来开发。我国的非物质文化遗产生产性保护理论，很大程度上是基于对非物质文化遗产经济价值的认识而提出的。当然，在非物质文化遗产经济价值的认识和开发上，近十年来也出现了一些值得警惕的问题。一是忽略非物质文化遗产的发展规律，把非物质文化遗产生产性保护简单等同于非物质文化遗产的产业化；二是没有意识到非物质文化遗产的经济价值是多元的和多层次的，把非物质文化遗产的开发简单等同于生产和销售非物质文化遗产的相关产品，如剪纸、年画、玉雕、刺绣、音乐、舞蹈等的作品，而对其中蕴含的品牌、技术专利和文化创意等经济元素却不够重视；三是没有遵守非物质文化遗产利用中的真实性、整体性原则，为了商业利益随意改变非物质文化遗产的形态和活动环境，造成了伪非物质文化遗产展示展演的泛滥现象。

非物质文化遗产对人类具有多方面的价值，包括记忆价值、传承价值、审美价值、基因价值、学术价值、经济价值等，这些是就非物质文化遗产的普遍性价值而言的，具体的非物质文化遗产的价值还有自己的特殊性。

20世纪功能学派文化学的代表人物马林诺夫斯基说："无论有多少知识和科学能帮助人满足他的需要，它们总是有限度的。人事中有一片广大的领域，非科学所能用武之地。它不能消除疾病和腐朽，它不能抵抗死亡，它不能有效地增加人和环境的和谐，它更不能确立人和人之间的良好关系。这领域永远是在科学支配之外，它是属于宗教的范围。……不论已经昌明的或尚属原始的科学，它并不能完全支配机遇，消灭意外，及预测自然事变中偶然的遭遇。它不能使人类的工作都适合于实际的需要及得到可靠的成效。在这领域中欲发生一种具有实用目的的特殊仪式活动，在人类学中称作'巫术'。"同样，非物质文化遗产对于人类而言，其价值有时正如巫术一样，通过记忆、传承、审美、基因、学术、经济等方面影响着我们的精神世界，也影响着我们的日常生活。

　　非物质文化遗产被联合国教科文组织作为一个重要问题提出来，并通过《保护非物质文化遗产公约》要求在世界范围内开展相关保护工作，是建立在对非物质文化遗产价值认识和价值诉求的基础之上的。其实，非物质文化遗产作为一种人类的文化遗产，早在人类蒙昧时期就已经出现并被人类按照追求价值的规律享用和传承。当下，人类对非物质文化遗产大张旗鼓的宣传和保护，仍然是出于价值追求的考虑。那么，非物质文化遗产作为一种文化遗产，它究竟对人类有什么价值呢？价值是一个反映客体属性能否满足主体需要的哲学范畴。一般而言，如果客体属性能够满足主体需要，那么，该客体对于该主体而言就是有价值的，反之则不然。

　　这样，判断是否有价值及价值层次、大小，就必须综合考虑三个要素：客体属性、主体需要、主客体关联度。客体属性是指作为价值客体的人或物的能力或功能等。从客体属性能否满足主体需求及满足的程度、层次，可以判断该客体是否有价值以及价值的大小、价值层次等。主体需要是指作为价值主体的人在实现自我意识与生命发展过程的各种物质性和精神性需求。按照美国心理学家亚伯拉罕·马斯洛（1908—1970）在《人类激励理论》论文中提出的"马斯洛需求层次理论"，人的需求从低到高共有五个层次，依次为"生理需求、安全需求、归属与爱的需求、尊重需求和自我实现需求"。从主体需求能否被满足、所满足需求的层次和满足的程度，也可以判断客体是否有价值及其价值层次、价值大小等。主客体关联度是指客体属性与主体需求是否相联系以及联系的程度等。从主客体关联度可以判断主客体是否存在价值关系以及价值关系的直接与否。所以，价值是由客体属性、主体需求、主客体关联度等共同决定的，它们不仅决定价值的有无，还决定价值的层次、大小以及价值关系的直接与否。

　　同样，非物质文化遗产价值也是由非物质文化遗产属性、人的需求、非物质文化遗产与人的关联度共同决定的，不仅决定价值的有无，价值的层次、大小以及价值关系的直接与否，还决定了非物质文化遗产价值是一个多元、多层的复杂系统。非物质文化遗产价值的复杂性不仅表现为非物质文化遗产自身因种类、民族、时空的不同而具有可以满足人需求的复杂多样的属性和功能，也不仅表现在不同人种、民族、时空的人对非物质文化遗产有复杂多样、多层的需求，而且还表现在不同种类、民族、时空的非物质文化遗产与不同人种、民族、时空的人的复杂多样、多层的关联上。

联合国教科文组织在有关非物质文化遗产的文件中，多次谈到非物质文化遗产的价值。如在《宣布人类口头和非物质遗产代表作条例》中指出，作为代表作的非物质文化遗产应对有关群体和文化多样性具有"特殊价值"。这种"特殊价值"具体表现为两个方面：一是具有特殊价值的非物质文化遗产的高度集中；二是从历史、艺术、人种学、社会学、人类学、语言学或文学角度有特殊价值的民间和传统文化表现形式。又在《保护非物质文化遗产公约》对"非物质文化遗产"的定义中讲："非物质文化遗产是指被各社区、群体，有时是个人，视为其文化遗产组成部分的各种社会实践、观念表述、表现形式、知识和技能及其有关的工具、实物、工艺品和文化场所。这种非物质文化遗产世代相传，在各社区和群体适应周围环境以及与自然和历史的互动中，被不断地再创造，为这些社区和群体提供认同感和持续感，从而增强对文化多样性和人类创造力的尊重。在本公约中，只考虑符合现有的国际人权文件，各社区、群体和个人之间相互尊重的需要和顺应可持续发展的非物质文化遗产。"前者所讲的"特殊价值"是就非物质文化遗产代表作而言的，是从某些非物质文化遗产对人类群体普遍的文化需求而言的，也就是说，强调的是非物质文化遗产对人类的普遍价值。后者则一面强调"符合现有的国际人权文件，各社区、群体和个人之间相互尊重的需要和顺应可持续发展"的非物质文化遗产是有价值的，即非物质文化遗产对人类的普遍价值。另一方面也强调让特定社区、群体和个人视为其文化遗产，使他们在传承、创新这些遗产过程中有一种认同感和持续感的非物质文化遗产是有价值的，即对特定社区、群体和个人的特殊价值。所以，联合国教科文组织文件对非物质文化遗产价值的阐述，已经意识到非物质文化遗产的普遍价值与特殊价值，但更强调非物质文化遗产对人类的普遍价值，这与其所站的世界的、人类的立场密不可分。

二、非物质文化遗产在大学生思想品德教育中的价值

教育作用于人的过程，实质上是人的文化化人的过程。教育的本质就是通过文化与人的双向建构而表现为文化的社会机制，教育具有传承与弘扬传统文化的功能。在高等教育全球化、国际化、现代化的大背景下，传统文化的教育价值更显重要。因此，我们必须重新确立传统文化在现代大学的教育价值。传统文化的价值非常丰富，但从高等教育的角度来看，主要包括：传统文化有利

于大学生民族性格的养成；传统文化有利于大学生健全人格的塑造；传统文化是建立和谐校园的有力保障；传统文化是素质教育的重要素材。

（一）教育是文化化人的过程

教育作用于人的过程，实质上是人的文化化人的过程。人是存在于特定的社会文化环境之中的。社会文化作为先于个体的客观存在，提供了人的发展的可能性。但是使这种可能性转变为现实性，个体必须接受一定的教育，使外在于个体的文化环境或历史文化传统经过个体的文化内化于个体的文化心理结构之中，从而使个体成为受过教育的人，发展了的人，文化了的人。对此，张应强教授在他的《文化视野中的高等教育》研究中，从具体的教育教学过程的分析中印证了这一观点。

张应强教授认为，教育最简单的要素是：教育者、教育资料（内容）、受教育者。教育资料（内容）实质上是前人创造的文化成果，只不过在有目的、有计划、有组织的教育活动中（如学校教育），它是经过教育者选择了的，符合社会发展的需要和受教育者身心发展水平或特点的文化成果。教育者也可看作是文化成果的"凝结物"，他的道德素质、知识水平，他所使用的教育方式方法，实际上是一种加工过的"文化内容"，只不过相对于自我教育来说，他会提高教育的效果。那么，我们所说的教育过程，即教育者借助于教育资料与受教育者之间的双边活动过程。这种交互作用最终表现为文化成果为教育者之间的交互作用过程。这种交互作用最终表现为文化成果为受教育者所掌握，知识增加了，心理结构和心理能力得到发展和提高，因而成为受过教育的人。由此可见，教育与人的关系，实质上是文化通过教育而促进人的发展的关系，教育过程便是人的文化化人的过程。

教育就是人的文化化人的过程，还可以在黑格尔等人对人的精神发生所做出的研究成果中得到说明。黑格尔把人类精神的发展分为两个密切联系的辩证过程，即人类精神的系统发生史和个体发生史，认为精神个体的发生史系统发生的精简的、缩短的重演，并且明确指出，这种"精神重演律"是借助教育而进行的。我国学者许景行在研究前人成果的基础上指出："正如现代生物个体是胚胎发生的一样，现代精神个体是教育发生的，精神个体的教育发生是人类精神系统发生的精简的缩短的重演，类比海克尔的生物发生律，可以把它叫作精神发生律。他们所说的"精神发生律"实际上就是指通过教育的作用，个体简捷地获得人类整个历史过程中所创造的文化成果，或者说整个社会文化的历史发展过程，通过教育在精神个体身上得到体现。这样，对个体来说，教育使之成为人类文化的拥有者，教育也就是人的文化化人的过程。

（二）教育是传承和创新传统文化的社会机制

教育的本质就是通过文化与人的双向建构而表现为文化的社会机制，教育具有传承与弘扬传统文化的功能。教育的基本功能就是通过对文化的选择、传承、创新等而促进文化的发展。教育的这种本质特点和基本功能，决定了教育在传统文化创新中有着重要的地位和作用。同时也决定了教育服务于现代化建设的根本方式——传承优秀传统文化，创造新文化，用一切优秀的文化成果来培养人、塑造人，促进传统文化的创新。

传统文化的创新，是在传统文化的传承与积累基础上进行的，离开了传统文化这一基础，创新也便失去了前提和意义。高等教育在传承传统文化方面有着独特的方式和重要的作用。传统文化作为前人创造的文化成果，它之所以能够连续不断地流传下来，并对现代化产生影响，在很大程度上是因为有教育特别是高等教育这一重要的载体。自从教育产生以来，它就承担着传承文化的任务，这是众所周知的。教育对传统文化的传承是以教育自身的独特方式进行的，往往是其他文化传承方式所无可比拟的，这就是以传统文化作为基本的素材，通过对学生进行民族传统文化教育来培养人、塑造人，使传统文化借助于人这一中介传承和继承下来。因而高等教育的培养目标、教育内容、教育方式方法等，都带有民族传统文化的特色，包含着传统文化的有关内容。尽管高等教育是专业教育，以科学技术教育为主要内容，但高等教育总是担负着弘扬优秀传统文化的职责，以传承民族传统文化的己任。即使在科技教育中，科学道德和科学价值观等教育也体现或来源于民族传统文化。同时，高等教育所培养的人才直接进入到社会的较高层次部门，对整个社会的文化发展有着更为直接和重要的作用。因此，高等教育在传承传统文化方面意义更为重大。

但是，高等教育并不是将传统文化的所有内容不加分析、鉴别，毫无保留地传递下来，而是要按照现代化社会的特点和未来社会及现代化的要求，对传统文化进行评价和选择，去粗取精，剔除与之不相适应的成分，保留与之相符合的有关内容，并加工制作，使优秀的传统文化得以传递下来，成为现代化的有机构成部分。因此，高等教育机关，特别是高等学校总是在培养人才、开展学术和科学研究、直接为社会服务等过程中，来对传统文化进行选择。

（三）非物质文化遗产下的传统文化与现代大学功能的实现

高等教育理论界对于现代大学功能的论述已相当丰富。有学者总结了关于大学功能的各种观点，认为有三种基本的看法。"第一种类型，从社会学的角度出发，认为高等教育的功能可分为育人功能和社会功能……。可称为一维价值选择模式观。第一种类型从社会实践的角度，以高等学校的活动为出发点，认为高等学校具有培养人才、发展科学和为社会服务三项职能。可称为二维价值选择模式观。第三种类型，从教育哲学的角度出发，认为教育价值观外现为教育的功效目的，高等教育的功能与高等教育价值观密切相关。可称为三维价值选择模式观。现在理论界比较流行的观点认为大学具有三个基本职能：教学、科研、服务社会。从其他社会需要来对大学的功能进行界定。高等教育的文化功能有文化的选择、传递、传播、保存、批判、创造等。其中，对文化的选择，高等教育比其他教育的作用更为深远，而对于文化的批判与创造，则是高等教育区别于其他教育文化功能的主要方面。因而，个性发展与文化积累都是高校应承担的社会职责，个人与文化应该成为高校社会职能的双起点，从此出发，高校的社会职能应包括以下三个方面：培养人才，发展个性；文化创新与文化涵化；社会批判。

如何摆正大学功能之间的关系，其主次轻重如何，是我们应该认真思考的。随着社会主义市场经济体制的建立，高校与社会的联系日益密切。由于利益和责任感的鞭策，高校"服务社会"的意识日益加强，更多地强调服务社会，现代大学逐渐沦为职业培训所。不可否认，这一趋势带有较大的片面性和危险性，若得不到纠正，中国高等教育就有可能迷失航向。我们认为，现代大学的主要功能应着重在人格培养，大学不仅要传授知识、生产知识、服务社会，更重要的是人格养成。大学培养的不只是专业技术人员，而应是具有健全人格、全面发展的高素质人才。对中国来说，高等教育的根本任务是为社会主义事业培养合格的建设者和接班人，不仅要向学生传播先进的科学文化知识，重要的还要教会学生如何做人。因此，大学素质教育，其内容不仅要具有知识性，更重要的是具有科学性、思想性和综合性。

总之，素质教育不仅要着眼于知识的获取，还要着力于全面人格的培养。素质教育的目标是要使学生既具改变外部世界之能力，还具心灵自我反省的能力，以期在个体生命中达成"外在世界"与"内心世界"、物质生活与精神生活的和谐统一。在个体人格中形成理性与情感意志、科学与人文等方面素质的协调发展，以追求真、善、美为一体的人格的形成。这应该说是中国教育改革的方向，也应该是现代大学的核心功能所在。而传统文化中所蕴含的文化要义能够实现大学的功能。中国传统文化是中华民族几千年来的历史沉淀，博大精深。它丰富的文化内涵，能够塑造大学中的主体完善的人格，能够养成民族的性格。

中国优秀的传统文化作为世界文化众多流派中影响最为深远、文化底蕴最为深厚的一部分，理应成为现代大学传统文化教育的一个重要组成部分，是实现现代大学功能资源最为丰富、实践最为便当的文化遗产，因为它本身就是为中国量身定做的。当然，我们不能简单地"新瓶装旧酒"的"半部《论语》治天下"，而要在世易时移中，与时俱进地批判继承。

（四）非物质文化遗产下的传统文化在现代大学中的教育价值

传统文化对现代社会的价值非常丰富，这里主要探讨传统文化在现代大学中的教育价值。传统文化的价值非常丰富，但从高等教育的角度看，主要包括：传统文化有利于大学生民族性格的养成；传统文化有利于大学生健全人格的塑造；传统文化是建立和谐校园的有力保障；传统文化是素质教育的重要素材。

1. 传统文化有利于大学生民族性格的养成

民族精神是民族的精神支柱和灵魂，它对于塑造民族的品格和风貌，对于民族凝聚力、向心力的增强，作用之大不可估量。而蕴含于传统文化之中的中华民族精神就是在中国传统文化基础之上产生的民族意识和民族感情。民族历史愈悠久，传统文化愈丰富，民族意识和民族情感则越深邃，民族精神越强烈。民族文化是民族精神的客体，民族精神是民族文化之主体，二者是数学上的"映射"关系。传统文化与民族精神这一辩证统一关系，决定了我们在对大学生进行民族精神教育时，离不开传统文化教育。诸如刚毅奋进、积极进取的人生态度，"天下为公""世界大同"的理想精神，各族一家、协和万邦的宽容精神，忧国忧民、献身祖国的爱国精神，"先天下之忧而忧，后天下之乐而乐"的博大胸怀等这些中华民族精神的精华，在市场经济的负效益冲击精神文明建设的时候，必须进行认真的整理、挖掘，用以武装我国广大的大学生，从而重新树起民族文化的旗帜，以激发人们的民族自尊心、自信心和民族自豪感，使中华民族永远屹立于世界民族之林。

生活在同一文化体系中的人由于受到相同文化的教养、规范和塑造，受到相同的"濡化"和社会化，形成某种共同的人格特质和价值取向。正如美国人类学家马文·哈里斯所说："每一种文化产生一种基本的，或者说深层的个性结构，这种结构实际上可以在这个文化的每一单个成员的身上找到"。当该群体组成一个国家时，其基本的个性常常被称为"民族性"，但民族性或国民性的形成不是一蹴而就，它是传统文化长期积淀的结果。传统文化通过单个人的人格的塑造，其最终结果也将导致形成同一的民族性或国民性。虽然文化是可变的，但是传统文化中的一些特殊因素和基本精神，已经深深地内化为民族的心理结构，成为文化遗传的"基因"，从而使民族文化和民族性格中具有某种"一以贯之"的东西。

2. 传统文化有利于大学生健全人格的塑造

在国内、国际环境错综复杂、变幻莫测的今天，加强优秀传统文化的教育有其必要性。经济全球化、政治多元化、信息网络化已成为新时代的鲜明特征，而民族精神是一个民族赖以生存和发展的精神支撑。一个民族，没有振奋的精神和高尚的品格，这个民族就不仅精神世界是苍白和空虚的，而且必然会成为一盘散沙，在竞争中处于被动的境地，更不可能自立于世界民族之林。尤为需要时刻警惕的是，以美国为首的西方发达资本主义国家凭借其经济和技术优势，利用无孔不入的大众传媒，向经济尚不发达的社会主义国家大学生灌输他们的思想意识，使年轻人在不知不觉中接受他们以追求物质享受为终极目标的资本主义消费观和价值观。目前社会已出现了"重物质享受，轻精神追求"以及精神空虚、道德缺失、信仰危机现象，应引起高度重视。东欧社会主义国家的解体，主要原因虽在其自身，但与以美国为首的西方国家长期的文化渗透、"和平演变"是分不开的。中国作为最大的社会主义国家，应从中汲取教训，这就要求我们必须加强对作为社会主义现代化建设生力军的大学生，进行有效的优秀传统文化教育，以避免历史悲剧重演。

加强对大学生进行优秀传统文化的教育，体现着其作为关键环节的重要性。大学生作为社会主义宏伟事业的生力军，正处在人生树立科学"三观"最重要的黄金时期。我们必须承认，在改革开放取得巨大物质成就的同时，淡化了人文精神，忽视了人的精神世界。一种自私狭隘、惧怕艰苦、依赖他人、坐享其成、心理脆弱的自我中心式人格正在侵蚀着新一代。而优秀传统文化重视为人之道，注重道德修养，追求人格的尊严，我们要弘扬优秀传统文化中团结人、鼓舞人、凝聚人的优良传统，占领思想阵地，塑造新一代的道德灵魂和精神风貌。只有这样，青少年一代才能自觉抵制一切不良思想的侵蚀，真正成为有理想、有道德、有文化、有纪律的德、智、体、美全面发展的社会主义事业的建设者和接班人，把我们的社会主义事业发扬光大。

3. 传统文化是建立和谐校园的有力保障

儒家文化崇尚的和谐，包括宇宙和谐、天人和谐、人际和谐，分别涉及宇宙状态、人与自然的关系、社会关系三个层次。宇宙和谐是指世间万物虽有差别，但各循其道，和谐互补，协调共进，实现一种"太和"境界。天人和谐是指人类社会在发展中必须适应自然，遵循自然法则。人际和谐是尊卑差别的个人须心志相通，和衷共济，推动人类社会向前发展。和谐精神的核心是具有差别性的事物、社会和个人应保持个性和群体的平衡，在这种平衡中寻求进步与发展。

而"和"文化作为中华几千年文化的历史遗产，已沉淀为中华文化底蕴最深厚的一部分，已融合为中华文明的文化基因。"和"文化，见证了中华几千年的历史与文明。作为文化遗产，它不仅是中国的，也是世界的，但是归根到底它是中华民族的。作为一个经济与文化处在快速发展阶段的大国，中国给世界传递的一个最让人振奋的信号就是"和平崛起"，在当今世界政治文化外交中秉承"和而不同"的文化理念，积极推进世界文化多样化，充分尊重文化的特异性，给当今的世界政治文化吹进了一股清新的空气，这正是中华民族作为"和"文化承载体与实践者的最好印证。

建设"和谐社会"的提出是我们党在建设小康社会的过程中针对社会中出现的新问题、新课题提出的又一新使命。高等院校是整个社会体系的重要组成部分，并且代表了先进文化的前进方向，肩负着为国家、社会培养德、智、体、美等全面发展的社会主义事业建设者和接班人的任务，在构建社会主义和谐社会中有着重要地位与作用。作为高等学校，和谐社会的行动具体归结为如何构建和谐校园的问题上。"构建和谐校园"是"构建和谐社会"的一部分，而且是非常重要的一部分。把和谐校园构建好了，就能在无形当中形成一股十分强大的力量，进而推动整个社会的和谐。

4. 传统文化是素质教育的重要素材

传统文化是中华民族在数千年的文明史中创造的优秀文化，包括政治、经济、军事、思想、教育、艺术等领域里的一切优秀文明成果。细细品评这些文化内蕴，其中的道德观、认识论和科学精神综合了一个人所以立身处世的道德修养、伦理观念、文化素质、思维方式和行为规范等。正是这些精英文化，是当今素质教育最重要、最基本的内容。

素质教育中重要的部分是思想品德教育和文化素质教育。其中以政治教育为方向，思想教育为基本内容，道德、品格为基础，形成思想品德教育结构。文化素质的核心是人文知识修养和人文品质修养，是关于正确认识和处理自己同自然界、社会、他人的关系，正确认识和控制自我的基本素养，如爱国情怀、敬业乐群、崇尚真理、尊重他人、诚实守信、胸襟开阔、宽容、关爱他人等。大学的人文素质教育主要是引导学生汲取祖国传统文化和人类一切优秀文化成果，陶冶自己的情操。特别是文学艺术以美感人，对提高大学生的思想境界、文化素养、思维能力、想象能力和审美能力都是有益的。

中华民族是一个崇尚道德的民族，伴随着文化回归的脚步，道德教育将被提升到应有的高度。中国古代的一些优秀的道德教育内容和方法与当代的社会实践相结合，定会表现出强大的生命力，引导道德教育健康快速发展。中国现阶段的道德教育状况并不代表中华民族道德教育的真实水平。不妨大胆预言，中国教育中的道德教育部分将成为世界教育的典范；中国教育成为世界名牌，道德教育功不可没。中国传统文化重视修身教育，人的发展不能由别人代替。中国优秀传统教育特别重视人自身的教化和塑造，从而达到崇高的精神境界。我们中国人一向讲究"大学之道，在明明德，在亲民，在止于至善。"为追求最完美的"至善"境界，人应当不断"修己善群"，涵养充塞天地之浩然正气，陶铸"为天地立心，为生民立命"的人文精神。日常道德修养应从小事做起，"勿以恶小而为之，勿以善小而不为"，应做到"修身、齐家、治国、平天下"。

闻一多先生早在七十多年前中国处于最黑暗的时期就说过："我国前途之危险，不独在政治、经济有被人征服之虑，且有文化被人征服之虑。文化之征服甚于其他方面的征服千百倍之。"这就强调了独立的优秀传统文化对于民族生存的重要性。所以我觉得，在我们中华民族土地上正在从事振兴民族大业的新一代中华儿女，如果不懂得这个民族的历史、这个民族的文化、这个民族的精神，是很难承担得起这个伟大历史责任的。

（五）非物质文化遗产在大学生思想品德教育中的价值

1. 对教育理论的拓展功能

（1）非物质文化遗产为高校思想政治教育提供了源源不断的动力

非物质文化遗产融入高校思想政治教育，坚持了科学的指导思想。习近平在全国高校思想政治会议上强调，高校思想政治工作关系高校培养什么样的人、如何培养人以及为谁培养人这个根本问题。要坚持把立德树人作为中心环节，把思想政治工作贯穿教育教学全过程，实现全程育人、全方位育人，努力开创我国高等教育事业发展新局面。坚持党管人才、坚持把思想政治工作贯穿教育教学全过程，一方面是围绕学生、关照学生、服务学生，不断提高学生思想水平、政治觉悟、道德品质、文化素养，让学生成为德才兼备、全面发展的人才，促进学生成才、发展，培养政治观念强、素养高的社会主义接班人；另一方面是培养理想信念、政治立场坚定的高校教师队伍，引导广大教师以德立身、以德立学、以德施教，做好表率，更好地在高校教书育人，为培养社会主义接班人创建稳定、爱党爱国的师资队伍，促进学生的成长；此外，还注重加强高校党的基层组织建设，创新体制机制，改进工作方式，提高党的基层组织做思想政治工作能力。从各个层面上坚持高校姓党，增强党在高校工作的领导地位，有利于加强高校教师和学生党员都做到在党爱党、在党言党、在党为党，培养出更多共产主义信仰信念坚定的教师队伍和人才队伍，增强服务意识，爱国爱民，在党和国家的各项事业中自觉挖掘自身才能、优势奉献自我，推动国家的向前发展，提升我国的综合国力，增强民族凝聚力。以人为本理念是科学发展观的核心部分，强调关注人的全面发展、满足人的需要、实现人的自身价值和社会价值，高校思想政治教育将现实人的发展视为教育的初衷和目标。非物质文化遗产凭借其丰富的教育教学资源，能充实教学内容、丰富教学手段和教学方法、优化教学情境、增强教育效果，这一切都为实现人更好地发展提供有利的条件，体现了以人为本、以学生为本的理念，使科学的指导思想贯穿教育过程。科学发展观告诉我们看待事物要树立全局观念和全面的思想，非物质文化遗产融入高校思想政治教育，有利于转变传统的教育方法，更加突出受教育者的主体地位，激发受教育者的主体性，为教育提供更多生动有趣、易于理解的素材和多样的方法，除了对理论这种软件要素的发展以外，为配合高校思想政治教育而提供的非物质文化遗产产品展示、平台搭建、活动举办等硬件要素也会得到相应的发展。科学发展观强调事物的可持续性发展，对高校思想政治教育的启示是，教育的价值和过程要具有可持续性，不能片面追求一时成效，要求教育内容应不断更新、充实，不断符合教学需要。非物质文化遗产的价值尚需进一步研究和认识，资源也尚未完全被发现、开发和利用，而且非物质文化遗产本身具有传承性和活态性，人民群众会不断赋予其新的内涵、创新内容和形式，对高校思想政治教育的积极影响是一个不断持续的过程。

（2）非物质文化遗产融入高校思想政治教育拓展了教育理论的范围

做好高校思想政治教育工作必须遵循思想政治教育规律，坚持以思想政治教育理论为指导，坚持理论与实际相统一。将非物质文化遗产融入高校思想政治教育的做法就是理论与实际相结合的重要体现，理论只有不断创新，才能适应变化发展着的实际，才能满足社会和人发展的需要。非物质文化遗产为高校思想政治教育理论的创新提供了崭新的研究视角和研究思维。高校思想政治教育的理论课程主要讲授马克思主义理论和中国特色社会主义理论体系的主要内容和形成发展过程、思想政治教育理论，教育者往往采用理论讲授法，讲授的内容比较固定，引用的教学资源有限，涉及的学科较少，而非物质文化遗产涉及的学科门类较多，如传统音乐、舞蹈、美术等艺术类、哲学类、医学类、理学类等。高校思想政治教育运用非物质文化遗产，在介绍一些学科知识的同时，也可以研究高校思想政治教育与这些学科之间有着怎样的关系，这些学科如何通过非物质文化遗产的方式发挥教育价值，如何让思想政治教育理论与这些学科自身的理论知识建立一种合理有效的、具有普遍适用意义的联系，对思想政治教育理论的研究范围和研究层次有着拓展功能，从而为高校思想政治教育工作提供更加全面、有效的指导。

2. 对教育方法和手段的丰富功能

（1）丰富理论教育方法和手段

高校思想政治教育最常用、最基本的方法是理论教育，教育者通过口头形式，有计划、有目的地向大学生传授马克思主义理论、思想道德知识、国家的方针政策等，采用理论讲解、讲授的方式让大学生树立正确的思想观念。除了从外面灌输理论以外，还可以采用理论学习、宣传教育、理论培训、理论研讨、研究性学习等方式对受教育者的言行进行正面的教育和引导。虽然理论教育是最直接、最必不可少的方法，但是，单纯的理论灌输会使知识枯燥无味，难以激起学生的兴趣，进而缺乏学习的主动性、积极性和创造性，甚至对所学理论产生排斥心理和抵触情绪，难以达到预期的教育效果。而非物质文化遗产能在一定程度上弥补理论教育的不足，拓宽教育渠道，提供多种教育载体，丰富教育方法和手段。倘若在思想政治教育类课程中有效运用非物质文化遗产资源，对课堂气氛的调动，学生理解能力和思维能力的加强，学生学习自觉性的提高将起到重要的作用。

课堂上，根据课程内容和学生群体的特点，采用不同的教学方法，当然这些方法可交互使用，如理论教育法、展示法、参与体验法、音像感官法等，利用多媒体、网络等手段配合教学。譬如在讲授科学发展观等深奥理论时，抓住大学生的兴趣点，展示桐城歌中反映自力更生、艰苦奋斗精神的大禹治水故事；劳动歌有助于学生养成热爱生活、珍惜劳动成果的态度，反映楚汉之争等古代故事以及辛亥革命、红军时期、社会建设等时期的大别山民歌，有利于大学生了解历史、认识社会发展规律、学会用历史和发展的观点看问题、培养爱国主义精神，因此，既可以用音、像、图、文相结合的方式展示传统文化的风采，也可以邀请相关传承人走进课堂亲自表演或以口述的方式呈现非物质文化遗产，传授知识、讲授道理，还可以让学生参与学习、体验、感受，在间接或直接中确立正确思想、培养各方面素质。以某种非物质文化遗产为切入点，引出话题或举办班级专题研讨会，让学生在讨论中暴露思想认识中存在的问题，教育者适时抓住契机加强思想政治教育；号召学生干部带领同学研究各自家乡现存的非物质文化遗产，并在班级报告会上阐述其蕴含的积极思想及教育意义，在有意识的学习和研究中逐步提升思想政治素质和文化素质。

（2）丰富实践教育方法和手段

"实践教育法就是组织、引导人们积极参加多种实践活动，不断提高思想觉悟和认识能力的方法"。在建设中国特色社会主义社会和科技水平不断提升的背景下，非物质文化遗产发挥高校思想政治教育价值的实践方法发生了变化，实践内容更加丰富，实践方式更加多样，实践范围更加宽广。

校园文化建设是高校开展思想政治教育的重要途径，因此，将非物质文化遗产融入校园文化建设不失为有效的实践教育方法。安徽大学黄梅戏之家协会的成立、黄梅戏学术讲座、徽文化进校园等活动的举办，使徽文化为更多的年青一代所熟知，提升了大学生的文化素质、审美意识，增强了民族认同感、自豪感；戏剧社团的定期表演，如淮剧演出，通过故事情节的再现，演绎爱国主义情怀；剪纸社等手工社团让大学生在学习制作的过程中体会劳动的艰辛，体验民风民俗，磨砺意志，培养想象力和创新能力；利用科技手段建立以非物质文化遗产为主题的网站、博客，传递具有正能量的思想和价值观，在潜移默化中塑造健康的校园文化；鼓励大学生走出校园，参加有组织的社会实践活动，感受民间文化的精彩绝伦，如西递、宏村的楹联，表达了"忍片刻风平浪静，退一步海阔天空""能受苦方为志士"的为人处世道理，"德从宽处积，福向俭中来"等助人为乐、积善从德的传世美德，德育至上的教育理念，字里行间凸显榜样教育法，书写、阅读楹联能体味文化的兼容并蓄，提高道德品质和思想修养，学生在这种良好的文化环境中可以学会自我教育。

3. 对教育价值旨趣的增强功能

"历史不过是追求着自己目的的人的活动而已"。活动是有目的、有意识的，人类的全部活动都受到特定目的的约束和驱使，而旨趣是活动确立和开展的内在动力、价值取向以及目标追求，是人类克服困难与阻碍、不懈奋斗的力量，指引着前进的方向。哈贝马斯认为，旨趣是认识活动的先导、追求、根本动力以及前提条件，两者有着不可分割的内在联系。从字面意义上来讲，旨趣即兴趣，但从旨趣与认识活动、实践活动的相互关系来理解，兴趣只是旨趣的内涵之一，除此以外，还包括宗旨、取向、目的、意义和价值。

"思想政治教育是指一定的阶级、政党或社会群体用一定的思想观念、政治观念、道德规范对其成员施加有目的、有计划、有组织的影响，使他们形成符合一定社会、一定阶级所需要的思想品德的社会实践活动"。这说明,思想政治教育有着明确的价值旨趣,马克思主义是思想政治教育的理论基础,为思想政治教育目标的设定提供理论依据。非物质文化遗产的多方面价值,决定了其对高校思想政治教育的价值旨趣具有增强功能。

首先,非物质文化遗产有助于实现高校思想政治教育的社会目标。"哲学家只是用不同的方式解释世界,而问题在于改变世界",这说明马克思主义的理论旨趣不是单纯地停留在解释世界,而是通过实践发挥主观能动性去改变世界。根据马克思主义的实践观,高校思想政治教育应该立足社会现实,紧跟时代发展的脚步,实现教育理念、方法和手段的创新发展,做到满足人自身发展需要的同时,满足社会在政治、经济、文化等方面发展的需要,培养人才,服务社会。高校思想政治教育的社会目标囊括了政治、经济、文化等具体目标。高校思想政治教育的经济目标是,作为上层建筑推进改革开放,促进生产力的发展,促进社会主义经济制度的完善与发展。非物质文化遗产教育有助于培养全面发展的人才,有利于提升大学生的文化素质和创新意识,树立正确的价值观、就业观,为国家经济发展提供宝贵的人力资源。利用非物质文化遗产开发文化创意产业,将产品推向市场,让文化资源转化为生产力,优化产业结构。对待非物质文化遗产资源,应秉承保护第一、开发第二的原则,在保护的基础上合理利用,懂得利用哲学思维看待事物。高校思想政治教育的政治目标是维护国家和社会的政治稳定,促进社会主义政治制度的完善与发展。非物质文化遗产有利于增强大学生的文化认同和民族认同,进而将这种认同升华到政治认同,即爱国主义,培养爱国主义情怀,形成强劲的向心力和凝聚力,为国家的建设和发展提供精神支持。高校思想政治教育的文化目标是提高大学生的文化素质、道德素质,促进社会主义精神文明建设和社会主义先进文化建设,而非物质文化遗产对大学生的文化素质、道德素质、科学创新意识的培养有着积极的影响。因此,非物质文化遗产有利于实现高校思想政治教育的政治、经济、文化等社会目标。

其次,非物质文化遗产有助于实现高校思想政治教育的教育目标。马克思主义关注现实的人,关注现实人的需要,并把实现人的自由全面发展作为最终目标,高校思想政治教育以马克思主义为理论指导,也应该关注现实的人,在这里指的是当代大学生,将学生看作是完整的人,密切关注每一位大学生的成长与发展,满足大学生的各方面需要,培养各种能力,这些能力不仅要满足现实生活的需要,也要满足未来生活的需要。为实现这一教育目标,需要高校思想政治教育提高大学生的思想道德素质、政治素质、文化素质。非物质文化遗产有着非常丰富的文化资源值得高校思想政治教育借鉴，能够贴近大学生的实际生活和兴趣爱好，有利于促进大学生个性自由发展，能丰富高校思想政治教育的方法和手段，凸显学生的主体地位，为教育教学创造更多体验性教学情境，实现教学情境的优化，增强教育效果，在活动中提高学生的自身素质，为大学生能力和素质的培养提供更多平台和机会。因此，非物质文化遗产对高校思想政治教育的教育目标的实现有着积极的推动作用。

4. 对教育情境的优化功能

教育者开展高校思想政治教育必须设计具体情境，因为教学是一定情境中的活动，而知识也是在一定情境下通过老师的讲授、同学的帮助、相关资料的阅读而获取的，实际情境的创建可以帮助激发、正面引导受教育者的认知、情感和言行。知识具有活态性和情境性，它不是由教育者按照传统教育模式单向灌输而来的呆滞知识，受教育者可以结合已有知识体系去重新解读并赋予其新的意义。传统教育往往是在单一主体情境中完成教学过程，学生敬畏老师的权威，缺乏平等交流的机会，主体地位不突出，对所学知识只是流于表面上的认同，没有真正内化于心。因此，创建情境应遵循思想政治教育规律和大学生身心发展规律，关注大学生的思想政治动态，根据不同的教育内容、教育要求以及受教育者的特征，注重发挥大学生的主体性，以情感为基调，将正确思想以相对隐蔽的方式渗透其中，渲染气氛，调动情绪，引发情感上的共鸣与契合，从而使受教育者在无形中接受教育信息和教育内容。

高校思想政治教育的成效与教育情境息息相关，创建教育情境需要一定的资源，所以教学情境资源的选取和运用直接关系到高校思想政治教育的成效。作为教育情境的资源必须符合高校思想政治教育的目的并为其服务；必须来源于真实生活，具有现实性；必须具有可操作性，教育资源虽作为一种客观性的因素存在，但只有通过人的主观能动性去调控和操作才能实现教育价值；必须生动有趣、新颖，让学生在轻松的氛围中多思、勤问、大胆质疑，加深印象，增强理解。丰富多样的非物质文化遗产是高校思想政治教育的重要素材，也是创设教育情境的重要资源。非物质文化遗产的合理利用对教育情境具有优化功能，有助于弘扬中华民族的优秀传统文化，提高高校思想政治教育效果。

融非物质文化遗产资源于教育情境中，能充分发挥学生的主体性、积极性和创造性，在迎合对方兴趣的前提下达到教学目的。譬如，制定与教学内容相关的活动主题，鼓励学生结合主题研究安徽省的非物质文化遗产，并将其中的某些文学、民间故事、戏剧、舞蹈、音乐、手工技艺等，通过小组合作或个人的形式展现出来，营造以学生为主体的教学情境，培养团队意识、合作意识以及坚韧不拔的精神，磨砺意志，激发潜能，活跃气氛。举办主题讲座，邀请非物质文化遗产如苗湖书会的艺人，通过表演和口述的方式举办爱国主义讲座；邀请肥东洋蛇灯的传承人结合历史人物包拯的故事举办恩义孝悌讲座，设计这种教育情境可以让受教育者在亲身接触鲜活事例中感悟道理。开展实践教育情境，组织学生参观非物质文化遗产类博物馆、非物质文化遗产研究基地，学习制作某些手工技艺及其他表演艺术；创建角色模拟情境，使受教育者充分融入所扮演的角色中，想其所想，体会人物的情感和心理历程，从而以理性的态度做出正确的价值判断和道德选择。教师指导学生自创情境，采取互问互答或抢答的方式，活动内容涉及非物质文化遗产、专业知识等，培养学生的参与意识。在有准备的教学环境中，选择运用多媒体手段将有关非物质文化遗产呈现出来，不仅给学生带来视觉和听觉上的震撼，而且能引导学生用已有认知经验去理解老师所讲授的知识，教学成效显而易见。总之，非物质文化遗产作为一种重要的教学资源，有利于丰富教育情境的内容和形式，使教育情境更加多样、生动有趣、富有活力，使教育情境与教学内容的契合度增强，创造更加有效的教学环境和有利的外部条件，使教学目标顺利达成。

5. 对教育效果的提升功能

（1）有利于提升大学生的政治素质

非物质文化遗产作为一种文化，不仅是区域性的，为区域所属群体所共同认可和接受，更是整个中华民族的。非物质文化遗产"积淀了民族的共同心理结构、文化情结和价值取向，使我们一见如故，有一种特别亲切的感觉，让人有一种心理上的归属感、融合感，从而产生心灵上的共鸣"。尤其在端午节、国庆节等重大节日庆典以及风俗习俗等方面，非物质文化遗产向我们传递着爱国主义、集体主义等民族精神，发挥着团结社会成员和凝聚民族力量的积极作用，能够帮助大学生正确认识民族历史，加深对民族精神的认知和对民族的认同感、归属感，深化对民族、国家的情怀，积极支持和拥护民族国家的发展，学会站在民族和国家的立场上坚定政治信念，提升政治素质。因此，应该充分发挥非物质文化遗产在政治教育方面的价值，以提升大学生的政治素质。

（2）有利于提升大学生的文化素质

"非物质文化遗产承载着传统的社会地域性文化。这种地域文化根源于区域自然环境、区域历史的差异，并以生活化和艺术化的方式加以记录、反映、提炼和创作"，非物质文化遗产也是传统民族文化的重要构成部分。高校传授非物质文化遗产知识，"有助于大学生更全面、真实地了解、认知特定历史时期的社会整体生产发展水平、社会组织结构的生活方式、人与人之间的相互关系、道德习俗及思想禁忌等"。另外，非物质文化遗产涉及多个领域和学科，有利于大学生掌握更多课本以外的知识，当然既包括理论知识，也包括参加非物质文化遗产活动所获得的实践知识，有利于激励大学生将所学知识真正融入日常的行为当中，通过外在言行显示自身良好的文化内涵和修养。比如安徽民间文学不仅种类丰富，而且具有知识性、哲理性、科学性等特点；传统舞蹈集多种文化于一身，并赋予其新的文化特质，具有深厚的文化价值和学术价值；传统医药在长期的发展过程中，形成了具有特色的医学体系，在治疗方面的整体观念和辩证的原则，具有较强的哲学性，与马克思主义哲学的相关内容不谋而合，同时将医学和中华民族特有的价值观有机结合起来，帮助大学生在了解更多医学知识的同时，树立正确的价值观，提升文化意识和文化素质。

（3）有利于提升大学生的审美意识

培养有理想、有道德、有文化、有纪律的社会主义接班人是高校思想政治教育的目的之一，而非物质文化遗产从审美的角度能促进人的个性发展、全面发展，为社会主义建设塑造更加优秀的人才。"美育的根本目的是使人去追求人性的完满，也就是学会体验人生，使自己感受到一个有意味的、有情趣的人生，对人生产生无限的爱恋、无限的喜悦，从而使自己的精神境界得到升华。从这个意义上来理解'人的全面发展'，才符合美育的根本性质。"非物质文化遗产中的传统音乐，如徽州民歌、巢湖民歌，有着浓厚的音乐审美趣味和艺术气息；传统舞蹈中的花鼓灯、东至花灯舞，极具观赏性，符合传统审美特征；传统美术中的阜阳剪纸、望江桃花、徽派盆景技艺内涵丰富、美观实用。不管是从内容题材，还是从表演形式、表演风格来看，非物质文化遗产都反映了人民群众的审美观念和艺术情趣，表达了不懈追求美的生活态度。大学生了解、接触非物质文化遗产，从中感受艺术魅力，学会发现美、欣赏美、创造美。

（4）有利于提升大学生的道德素质

思想政治教育是高校德育尤为重要的途径，而非物质文化遗产作为高校思想政治教育的重要载体，对高校德育的实现有着重要的意义。非物质文化遗产的思想道德功能体现在日常的生活习惯、生产实践以及言行举止中，尤其是以独特的技巧展示个性鲜明的艺术，形式与内容、主旨紧密契合，艺术在呈现的过程中，注重扣人心弦，引起人们心灵和情感上的触动和共鸣，进而潜移默化地诠释着正确的道德观、伦理德行、情感态度，同时人们在文化的熏陶下，会主动进行自我道德教化。皖南花鼓戏的题材集中表现了人们对正义观和道德观的赞美，善于设计独特的情节，通过真善美与假丑恶的斗争，引导人们做出正确的道德选择，如《绣像记》中的杨三笑，告诉我们要见义勇为、乐于助人；《买豆腐》告诉我们要勤劳勇敢、明辨是非。非物质文化遗产以"具体而微、层次分明的规范和要求形塑着人们的身体、行为和习惯，而蕴含在其中的伦理意义影响着当代大学生习性和品德结构的成型和成长。"高校采用大学生喜闻乐见的艺术形式，使得大学生在欣赏艺术的同时，由浅入深地理解和领悟其中所蕴含的传统思想道德，在有目的的教育中和有意识的受教育中提升大学生的道德素质。

（5）有利于提升大学生的实践能力

非物质文化遗产是人民群众在不同历史时期的劳动成果，种类繁多，内容博大精深，在高校开展相关方面的教学活动，有助于开阔学生的视野，拓展知识的深度和广度。马克思主义认为，认识对实践具有反作用，因此，在学习非物质文化遗产知识时，当中所蕴含的创新精神和创新理念会不断被挖掘，指导着大学生的行为。例如黄梅戏，"具有兼容并蓄的能力和孜孜不倦、勇于创新的精神""始终保持着旺盛的生命活力，一边让自己不断流入新的地域，一边又不断吸纳各地的艺术精华"，帮助激发大学生对创新的思考，提升创新意识，尤其是在参与非物质文化遗产的实践活动中，会有意识、有目的地提高自身的实践能力和创新能力，这种能力的提升也会给其他学科知识的学习和应用带来积极影响。

第四章 非物质文化遗产在大学生思想品德教育中的路径

第一节 非物质文化遗产在大学生思想品德教育中的理念

目前，大学生政治观念非主流、思想道德意识薄弱的现状，给大学生思想政治教育工作敲响了警钟。思想政治工作要想有针对性地、高效能地解决人的思想问题，就必须从方式方法上寻找突破口。但是仅靠一种方式是绝对不行的，必须从多种途径综合考虑。

一、理念的具体内容

非物质文化遗产在大学生思想政治教育中的应用理念可以从以下两个方面理解。其一，要确立"'非遗'是大学生思想政治教育的重要的文化资源"的理念。"非遗"是具有教育意义的文化资源。一方水土养一方人，"非遗"是具有鲜明地方色彩的地域文化，古琴、庙会、武术、剪纸、昆曲、围屋等这些鲜活的文化形式在中国大地上生根发芽，早已成了地域文化的象征。借助非物质文化遗产，我们可以了解各地区的风土人情、生活面貌。中国是一个有着很多民族的国家，"非遗"是具有浓厚民族气息的民族文化，例如被列入国家级非物质文化遗产的女真族长篇叙事文学《满族说部》就带有浓厚的民族气息，它被传承者代代口传，为现代人研究金代文学提供了一个特殊的平台。这例非物质文化遗产的发现，一方面给金代文学带来了勃勃生机，提供了新的文化资源；另一方面"给中国文学史的传播方式补充了同书面文学并行不悖的口承文学范式"。中华民族的历史源远流长，"非遗"是带有历史韵味的历史文化，例如被列入国家级非物质文化遗产的洪洞县"接姑姑迎娘娘"习俗就是从上古时期一直传承至今的。该习俗距今已经有四五千年了，这一文化遗产为尧舜时期历史的再现提供了鲜活的素材，为后人了解远古的历史知识提供了有利的条件。

要确立"'非遗'是大学生思想政治教育的重要的德育资源"的理念。同时，古琴艺术既体现了儒家和谐圆通的理念，又渗透着道家宁静致远的精髓，还表现了佛家天人合一的精神。因此，非物质文化遗产并不单纯的是一个符号，一种文化，一个外壳，更重要的是它表现出来的思想精神，这种精神对改变大学生的精神面貌，满足其精神需求，进而实现人生追求有着重要意义；同时，它还是促进社会和谐、可持续发展，科学精神、人文精神繁荣发展的重要依据，是促进当代社会价值体系重新建构、保障精神文明建设顺利进行的重要基础。

二、理念确立的原因

确切地说，教育者、教育对象、高校都应该确立"'非遗'是大学生思想政治教育的重要资源"的理念。理念的践行不能单靠其中一个方面，只有各方面形成合力，才会产生新的力量。分析其中的原因，我们可以概括为以下三个方面。

其一，大学生当前的思想道德现状给高校思想政治教育带来了挑战，迫切需要借助非物质文化遗产资源。如大学生知行脱节现象严重，对道德的认识仅仅停留在观念上，没有落实到实际生活中；大学生道德意识薄弱，看重自我，诚信缺失，行为失范等，这间接说明了高校思想政治教育存在不足，而非物质文化遗产蕴含的传统美德精神恰恰可以弥补这方面的空白。因此，我们应该充分挖掘非物质文化遗产蕴藏的精华来引导、感化学生，如公平正义、文明诚信、自强不息、和谐圆通、尊老爱幼、天下为公等美好思想。这些极富感染力的教育素材，容易唤起大学生强烈的好奇心，构筑大学生内心的道德防线，这也与我国践行的社会主义核心价值体系完全吻合。

其二，非物质文化遗产为教育者提供了一种有效的教育方法。大学生思想政治教育的根本目的在于把外在的行为规范、准则律条内化为大学生自己心中的信念，然后落实到实际行动中来。教育者引经据典，在思政课堂上引入非物质文化遗产，远比单纯地讲解理论知识更有吸引力，更能达到思想政治教育的目的。

其三，高校思想政治理论课存在的弊端使思想政治教育面临严峻的挑战。当前大学生对高校思想政治理论课提不起兴趣，其中不能忽视的一个原因是非物质文化遗产知识在思想政治教育课中引用得不够，思想政治教育理论课程内容抽象乏味、形式单一古板。高校的有些老师只注重理论灌输，照本宣科，根本不注重非物质文化遗产知识在思政课堂上的渗透。

高校非物质文化遗产教育面临的问题引人担忧，如"非遗"理论和实践

"两张皮"现象，非物质文化遗产相关专业设置不合理，相关的师资力量短缺等，形势严峻，亟待改革。如果高校不采取措施，非物质文化遗产教育将变得越来越形式化、空泛化。

赣南师范学院的徐金龙在《大学生非物质文化遗产教育的现状及对策》一文中，具体阐述了大学生非物质文化遗产教育面临的问题，以及解决这些问题应该采取的措施对策。认为高校要改进课程体系，"要引进高水平师资"。总之，教育者应充分发挥课外实践活动的作用，积极营造浓厚的文化氛围，挖掘非物质文化遗产教学资源为大学生思想政治教育服务。

南宁职业技术学院公共管理学院的李蓉在《在思政课中渗透非物质文化遗产教育》一文中，指出了非物质文化遗产是中华文化的深层内核，是民族凝聚力的重要源泉，保护传承非物质文化遗产是全民族义不容辞的责任；认为"把非物质文化遗产渗透在高校思政课中是保护"非遗"的一项重要探索"。因此，把非物质文化遗产引到课堂、融入教材、推进校园是增强高校思想政治教育实效性的重要措施。

山东师范大学李智勇在《非物质文化遗产教育对大学生思想道德建设的作用及实施途径》一文中，重点阐述了"非遗"教育在大学生思想政治教育中的应用途径，认为由于经济全球化的影响和社会主义市场经济的发展，原来体系下一元化的思维模式正逐渐被多样化的意识内容所代替，其中既有健康向上的思想，也有一些腐朽的甚至是低级的思想，这些消极的思想观念严重地冲击了意志不坚定的大学生。因此，一方面应该加强校园文化环境的治理，营造浓厚的文化气息。除了开展思想政治教育大众化教育以外，也可以尝试更多的特色教育和个别教育，"尤其是加强中华民族优良文化传统的教育"。另一方面应该把多种途径结合起来，充分发挥非物质文化遗产教育的作用，帮助大学生确立正确的人生理想，真正把握人生的意义，从而实现人生价值。

除此之外，复旦大学的谷雅娟在《加强高校戏曲艺术教育及其思想道德素质培育功能研究》一文中，阐述了戏曲艺术的教育功能，受教育者对中国戏剧艺术的相关认知情况，以及戏曲艺术教育在大学生思想政治教育方面面临的困境；认为非物质文化遗产教育和大学生思想道德的培养有着密切的关系，中国戏曲艺术所渗透的传统美德能帮助和引导大学生提高自身的道德素质。因此，戏曲界、高校、社会应该多管齐下，针对高校戏曲艺术面临的困境，及时提出切实可行的解决路径，加强戏曲宣传，充分发挥高校艺术的教育作用，从而提高大学生的思想道德素质。

近年来，人们对非物质文化遗产有了深刻认识。自社会上兴起"保护非遗热潮"之后，"'非遗'进校园"活动也引起了社会各界的广泛关注。非物质文化遗产是民族的优秀文化基因，能或多或少地影响甚至改变人的道德观和行为方式。非物质文化遗产是一所包罗万象的学校，它是引领社会前进的罗盘，是倡导真善美的标杆。"非遗"作为人类社会的"鲜活灵魂"，蕴含着丰富的文化资源和德育资源。因此，它不但能提升大学生的文化素养，还能提高大学生的道德判断水平，对增强大学生民族认同感、自豪感具有不可估量的作用。基于此，高校应该多管齐下，把非物质文化遗产纳入教材、引进课堂，积极营造浓厚的文化气息，并且要改进教学模式增强受教育者的文化自觉意识。

广东工业大学的林佳瑜等在《论我国非物质文化遗产教育对培育大学生民族精神的意义》一文中，重点阐述了非物质文化遗产教育开展的可行性、必要性以及对塑造大学生民族精神的积极价值；具体指出了我国非物质文化遗产教育在高校开展的途径措施，认为非物质文化遗产是民族传统文化的典型代表，是社会主义精神文明建设的坚实文化根基，有利于帮助大学生确立积极的人生态度。高校引进非物质文化遗产，不但开创性地保护和宣扬了民族优秀传统文化，而且有效地增强了大学生的爱国主义情感，"对于增强大学生的民族团结精神具有不可估量的价值和意义"。因此，高校应该多管齐下，努力争取家庭、社会的大力支持，积极宣传"非遗"的教育功能，加强非物质文化遗产知识的普及，从而增强大学生的民族自豪感、自信心。

淮阴师范学院的刘娟、钱道在《非物质文化遗产融入大学生民族精神培育探讨》一文中，指出了非物质文化遗产是人类历史宝贵的社会财富，有人类文明"活态灵魂"的美称，对大学生加强非物质文化遗产教育有利于塑造大学生的民族精神；认为把非物质文化遗产融入大学生民族精神培育是一个合理构想，能"实现自在与自觉、形式与功能、有形与无形的统一"。因此，非物质文化遗产与民族精神是并行不悖的，非物质文化遗产在大学生民族精神培育中发挥着重要作用。

河北工程技术高等专科学校的齐晓东等在《非物质文化遗产进校园活动对培育大学生民族精神的推进作用》一文中，阐述了在高校开展非物质文化遗产教育的现状、地位作用和路径对策，认为非物质文化遗产进校园活动不但能调动大学生的积极性、主动性，而且给高校增添了人文气息。同时，这对大学生民族精神的塑造具有极大的推动作用。

北京航空航天大学北海学院的李博豪、孟秋莉在《加强大学生非物质文化遗产教育的意义及途径》一文中，指出了非物质文化遗产蕴藏着丰厚的德育资源和文化资源，"非遗"作为优秀的民族文化，彰显了各民族的伟大情怀，传承着弥足珍贵的民族精神，非物质文化遗产教育"有利于培育大学生的国家认同感、民族自豪感、文化传承使命感以及提升自身人文品质和道德素养"，"非遗"教育既是文化知识教育，又是思想道德教育。因此，高校应该积极为大学生学习非物质文化遗产知识创造良好的环境，改善教学方法，增强大学生的文化自觉意识。

河北科技大学的赵卫利在《高校非物质文化遗产教育与大学生培养》一文中，指出了高校加强非物质文化遗产教育，能调动大学生学习传统文化的积极性，提高大学生的创新水平，对于引导大学生"增强爱国热情和民族精神有着重要意义"，认为高校加强非物质文化遗产教育有很大的优越性，高校开展非物质文化遗产教育有其必要性和可行性。因此，高校应该结合自身的实际情况，积极采取措施加强大学生的"非遗"教育。

保山学院的熊云在《在地方高校德育教育中引入少数民族非物质文化遗产的必要性探讨》一文中，阐述了我国南部的云南省是一个多民族聚居的大省，拥有丰厚的传统文化资源；认为非物质文化遗产是优秀的民族文化基因，是维护各民族安定团结的文化根基。把非物质文化遗产引入到云南高校思政教育中，"有利于丰富和拓展德育教育的内容和范畴"，这对于促进少数民族地区传统资源的保护和发展具有重要意义。

李智勇、尹霞在《浅谈非物质文化遗产在高校思想教育工作中的利用》一文中，指出目前我国高校思想政治工作存在许多问题，非物质文化遗产在扭转这一现状方面具有很大潜力。认为非物质文化遗产蕴含着丰厚的思想政治教育资源，应充分利用这些资源去增强大学生的爱国主义情感、提高大学生审美水平和知识素养、"锻炼学生创新能力和实践能力"。借鉴和利用我国丰富的非物质文化遗产资源，一方面可以优化大学生思想政治教育的环境，另一方面可以有效地改善高校思想政治教育体系。因此，一定要把非物质文化遗产与大学生思想政治教育相结合，积极开展实践活动，践行文化素质教育的理念。

传统文化和高校教育并行不悖，紧密联系。没有渗透传统文化的思想政治教育显得苍白无力，甚至可能走向腐朽。非物质文化遗产是中华民族的优秀文化基因，是具有"活态性"的、有生命力的传统文化。传统文化并没有过时，人类历史上的四大文明，只有中国文化不断地与时俱进，保存至今。中国传统文化是各个民族智慧的结晶，它所具有的凝聚功能、兼容功能对高校思想政治教育有很好的借鉴作用。把传统文化融入高校思想政治教育，不但能彰显大学生的文化品位，而且有利于强化民族文化意识、提升民族理想。

第二节　非物质文化遗产在大学生思想品德教育中的原则

一、客观性原则

客观性原则是最基本的也是相当重要的。马克思主义哲学认为，存在决定思维，存在第一性。"思想政治教育是一门科学"，因此，在大学生思想政治教育中应用非物质文化遗产时必须坚持科学的唯物主义态度，反对所谓的"精神万能"思想。教育者不能把非物质文化遗产当作万能钥匙，单方面认为它可以解决任何一个思想政治教育的难题。

坚持客观性原则，理性对待非物质文化遗产。世界是物质的，要求我们一切从实际出发，遵循客观规律，避免主观性错误。在教育的过程中，要尽可能地挖掘一切可以利用的资源，来吸引大学生的注意力；同时，要做到实事求是，不能主观臆造。譬如，有些教育者把虚构的相关背景知识强加在教学活动中，这种不真实的案例，一旦被教育对象揭穿，教育者颜面何存，这无疑会给新时期的思想政治教育带来更大的挑战和打击。

二、创新性原则

坚持创新性的原则，就是要在遵循客观规律的前提下，丰富教育内容，创新教育形式，突破传统的教育理念，营造良好的教育环境。我们要充分发扬党的思想政治教育的优良传统，努力寻找当前大学生思想政治教育的新思路和新路径，试图探索到高校思想政治教育的新阵地和新领域。为了适应经济、社会的迅猛发展，为了给国家输送综合素质全面提高的优秀人才，高校必须与时俱进，采取新的教学手段、吸收新的教学理念。思想政治教育和规则教育不同，它需要不断增强时代感，要展现足够的空间供大学生自由发挥。要想把非物质文化遗产融入高校思想政治教育中来，仅仅采用过去传统的思想政治教育理论灌输模式是绝对不行的。高校应适时地把非物质文化遗产融入大学生学习生活中来，及时有效地创新教育手段，与时俱进地充实德育内容，使高校思想政治教育早日实现到人文本质中来。

三、辩证性原则

严格地说，并不是所有的非物质文化遗产都能为大学生思想政治教育服务。非遗产生于农业文明时代，一直发展到现代，不断地成熟起来。非物质文化遗产在当时的社会时代中发挥了重要作用，如记载了标志性的人物和事件等。恩格斯说得好，每一个历史年代都会产生自己独特的理论思维，在不同的历史条件下，理念的内容和形式不拘一格。所以受当时历史条件的限制，非物质文化遗产难免具有时代的狭隘性和局限性。因此，在大学生思想政治教育中应用非物质文化遗产时，要坚持扬弃的理念，辩证地分析非物质文化遗产的功能和价值，不能一概而论。

同时，还要注意运用联系的观点看问题。目前，高校里一些思想政治教育者把非物质文化遗产和思想政治教育割裂开来，摒弃了思想政治教育的目的。在渗透传统文化时，铺天盖地收集了很多素材，涉及了非物质文化遗产的概念内涵、基本特征、现状等，甚至也挖掘出了它所蕴含的精神实质、道德思想，但教育者没有做到进一步升华，结果导致大学生抓不住主次矛盾，这样看来就犯了本末倒置的错误。所以教育者一定要有所侧重，把非物质文化遗产和思想政治教育理论知识结合起来，避免忽略教学活动的主要目的。

四、实践性原则

在大学生思想政治教育中应用非物质文化遗产，不能仅仅停留在理念思想层次，必须和实践活动相结合，丰富多彩的实践活动更能吸引大学生的注意力。仅在课堂上单纯地讲述二者的联系以及应用的注意事项，教育者讲得再天花乱坠，也只是空中楼阁，起不到实质性的教育作用。

大学生在实践活动中更容易提高自己的综合素质。一方面，在互动中可以感受思政课堂上融入非物质文化遗产和纯粹灌输马克思主义理论的区别。通过比较，受教育者能够切身体会到非遗带来春风化雨的功效，这就更加坚定了大学生学以致用的积极性，从而有效地提高自己的道德素养和人格魅力。另一方面，感受不一样的课堂，能加深大学生对德育知识的理解。这就使大学生更有信心把自己所学传授给身边的人，让知识、正能量传播得越来越远。利用非物质文化遗产，加强思想政治教育，提高大学生的精神生活质量，从而开创大学生思想教育的新格局。

　　非物质文化遗产是一所无形的学校，它凭借道德的光辉，独特的文化力，构建起了人与人之间的精神纽带。它的优秀成分在今天仍然具有借鉴意义，在数千年的教育历程中起着不可替代的作用，非物质文化遗产是大学生思想政治教育的活水源头和重要资源。"非遗"教育不仅有助于提高大学生的知识素养、科技创新水平，而且有利于培育大学生的民族精神，增强大学生的民族自尊心、自信心、自豪感。

　　非物质文化遗产，顾名思义就是非物质性的文化宝库。对"遗产"和"文化遗产"加以说明，有助于我们深层次地理解何谓非物质文化遗产。"遗产"，它的解释可以从两个方面来理解。第一，去世之人留下来的符合法律规定的财富；第二，古代流传至今的珍贵的物质财富、精神财富，如鲁迅在《无声的中国》中说："因为那文字，先就是我们的祖先留传给我们的可怕的遗产"。历史上，伟大领袖毛泽东也说过，中华民族是一个有着太多革命故事和珍贵的历史文化遗产的民族，这些看来都符合第二种解释。文化遗产是遗产分类中很重要的一个类别。具体来说文化遗产包括物质性的文化遗产，如故宫、园林等建筑物，器具、字画等文化产物；还有非物质性的文化遗产，如口头传说、民歌、戏曲、传统节日、民间故事等精神财富。所以这样看来，文化遗产既包括单纯的文化也包括文化产物，"其存在有物质方式，也有非物质方式"。

　　单就我国来说，非物质文化遗产见证了中华民族的悠久历史，是一个民族自我认知的重要方式和精神动力。我国对非物质文化遗产的真正认识也经历了一个漫长的过程。21世纪初，"非物质文化遗产"这个概念才开始广泛进入人们的视野，我国向联合国申报了第一批非物质文化遗产项目。2004年，由于国家政治权力的参与，我国政府开始进入到保护非遗的行列中来，加入了《保护非物质文化遗产公约》。随后，第二年，"非物质文化遗产"这个概念被广大人民群众普遍接受和认可，国务院实施了一系列相关文件，把保护非物质文化遗产提上了议事日程。同时，我国非物质文化遗产的保护工作逐渐受到重视，并且开始与国际接轨。

　　非物质文化遗产对大学生思想政治教育有非常重要的借鉴意义。非物质文化遗产是中华民族悠久历史的见证，蕴含着特殊的精神内涵、文化意识。它不但保存、延续了民族的优秀成分，而且起到了很好的教化育人作用。非物质文化遗产是传统文化的精华，对大学生思想政治教育有着积极价值。本研究认为非物质文化遗产是大学生思想政治教育的重要载体和思想基础，非物质文化遗产在大学生思想政治教育中有其应用的必要性和可行性。正因为非物质文化遗产融历史环境与现实生活、内在本质与表面特征于一体，具有特殊的价值和优越性，对于宣传传统文化，建设美好家园，改进大学生思想政治教育工作具有非常重要的意义，所以说把非遗传统资源融入高校思想政治教育中来很有必要。但非物质文化遗产在高校思想政治教育应用中面临着一些问题，如受教者对"非遗"认知缺失，教育者思想上对其不重视，高校相关专业设置不合理，社会上"非遗"外传受到阻碍。最终，针对这些问题，本研究从应用理念、应用原则、应用途径三个方面提出了路径对策。

第三节 非物质文化遗产在大学生思想品德教育中的途径

一、加强校园文化环境的建设，构建大学生乐于接受的文化机制

校园文化是一所高校的精神支撑和心灵窗口。健康向上的校园文化不但可以增强校园的文化气息，而且在潜移默化中提升大学生的知识水平和道德素养。非物质文化遗产是优秀的传统文化资源，当然也可以是校园文化的重要组成部分。在充满人文气息的文化环境中，大学生一方面可以观赏到富有地方特色的传统文化资源；另一方面学会了感悟、思考、宽容，用一颗平常心对待万事万物。在浓厚文化气息熏陶下，大学生往往能自觉主动地形成先进的思想和高尚的情操。那么如何构建大学生感兴趣的文化机制呢？一个有效的途径就是在高校积极宣传非物质文化遗产，建立学风浓郁的文化走廊，加强校园文化环境的建设。如修建高品位的建筑景观，并附上各民族特色的非物质文化遗产知识，最好能和现实热点问题结合起来，及时地疏导大学生情绪。人物雕塑，也不失为一个颇具启发意义的教具。或者是民族英雄，如戚继光、林则徐，或者是善男信女，如妈祖，济公等。鲜明的人物形象，可以起到开阔学生视野、增强学生民族意识的积极作用。这种树立典型的方式远比课堂上生硬的传授有吸引力，可以说事半功倍。修建人文气息浓厚的文化场所。大学生在休息娱乐时，可以举办具有启迪作用和教育意义的丰富多彩、健康向上的文化活动。大学生在互动交流时，既能学到中华民族的优秀传统文化，陶冶高尚情操，又能增强自身的责任感，提高精神境界。

　　良好的校园文化环境一方面为大学生学习非物质文化遗产提供了肥沃的土壤，催人奋发向上，努力构建和谐校园；另一方面也帮助引导大学生的思想品德向良好的方向发展，使其塑造完美人格，引人树立坚定的信念，努力构建和谐社会。所以，高校思想政治教育要充分发扬校园文化环境积极因素的影响，营造学风浓厚的校园环境；相反，不良的校园文化环境，不但打击大学生的积极性，而且消磨大学生的意志，对他们未来的发展非常不利。所以，一定要加强校园文化建设，抵制各种歪风邪气，构筑浓厚的文化氛围，构建大学生乐于接受的文化机制，打造文化气息浓厚的人文校园。

二、发挥实践活动的作用，提高大学生非物质文化遗产认知水平

　　在课外实践活动中融入非物质文化遗产元素，密切联系学生实际，突出非物质文化遗产教育的现实意义。丰富多彩的课外实践活动能吸引大学生的注意力，调动大学生的积极性。所以在高校思想政治教育中，除了引导大学生学习思想政治理论课外，还应该引导其积极参与实践活动，增强思想政治教育的吸引力和感染力。

　　在校内实践活动中，充分挖掘非遗资源，使其为大学生科研实践活动服务，从而调动大学生的积极性和主动性。在科研活动中，组织大学生搞调研，做调查，探讨非物质文化遗产的地位作用，挖掘非物质文化遗产蕴含的精神实质以及非遗在当代社会中的现实意义。本着科研"服务人民、服务社会"的宗旨，走进田野，"既加深了大学生对当地民俗文化的认知，又提高了自己的动手能力和创新能力"。在亲身实践的过程中，大学生对中华民族传统文化的钦佩之情油然而生，进而把这种民族骄傲化成动力，回报社会，感恩祖国；以教师为主导、学生为主体开展诵读活动，如朗诵经典美文、古代诗词、人物传记等，让学生在交流沟通的过程中自我认知、自我教育，从而取得理想的教育效果；举办主题突出、亲身体验的文化活动，融入非物质文化遗产元素，如开展以爱国主义为主题的歌唱比赛，增强大学生的民族意识。众所周知，河北科技大学积极开展学生课外实践活动，"把地区特有的井陉拉花、常山战鼓等非物质文化遗产请进高校，学生在表演、练习的过程中，做到了知行合一"，产生了春风化雨的效果，这对我们搞好校内实践活动有很好的借鉴意义。

　　要积极引导大学生参加富有教育意义的社会实践活动，"要引导大学生走出校门，到基层去，到工农群众中去"。在校外实践中，带领学生深入社区，参加实践活动，培养集体主义意识。

三、采用现代化的教学手段，使非物质文化遗产教学活动生活化

（一）利用互联网平台，尽快使非物质文化遗产走进校园

"大学校园正成为我国因特网用户最密集的区域"，大学生学习能力强，愿意接受新事物，因此互联网就成了他们最感兴趣的交流工具之一。在当今科技日新月异的时代，网络教育已经蔓延到很多领域，如学校、家庭、企业、军队等。尤其对于生活在象牙塔里的大学生，时时接受网络教育，开展网上互动交流，已经成了不可逆转的潮流。因此，利用网络平台，充分挖掘非物质文化遗产所蕴含的思想政治教育内容，进而占领网络思想政治教育新阵地就成了时代所需。研究显示，在不认识的人面前，人们更愿意将自己的真情实意表达出来，"而网络正好可以满足人们这方面的要求"。因此，要想充分驾驭非物质文化遗产资源，就要改进教育教学方式，因势利导，发挥互联网的积极作用。高校可以创建以"非遗"为主体的网站，通过内容、画面、视频声音相结合，积极展示非物质文化遗产所传播的正能量。大学生一方面可以感受传统文化的魅力，另一方面也会有意识地弘扬和传承中华民族的优良品德；高校也可以建立专门的非物质文化遗产网络论坛，加强高校教育者和大学生之间的互动交流。有时候，面对面不愿意交流的人，在网络上却可以游刃有余，高谈阔论。所以高校要抓住大学生的这种心理，与时俱进，充分利用网络空间给大学生灌输健康向上的思想观念，指导大学生做出理性的判断，帮助他们提高自身的道德修养；还可以组织学生开展相关的网页设计竞赛等，激发大学生了解历史遗存的主动性，进而弘扬中华民族的传统美德，传播正能量。

（二）利用大众媒体渠道，有效开展非物质文化遗产教育

大众媒体，顾名思义就是大众的传播媒介，"充分利用校刊校报、校内广播电视、学校出版社"，积极宣传正能量，尽可能消除负面影响，这些渠道方便快捷，影响大、渗透强。因此，教育者一定要充分利用大众传媒，传递社会文化传统，及时对学生进行非物质文化遗产教育，抓紧高校思想政治教育的主动权。例如，积极引导大学生阅读非物质文化遗产相关的书籍，领悟其中的文化精粹，充实自己的精神生活；高校定期播放非物质文化遗产纪录片，使大学生身临其境，感受中华民族的独特魅力，增强民族自豪感、自信心；校广播室利用每天课余时间，宣讲非物质文化遗产的地位作用。这些大众媒体要坚持弘扬传统美德，以非物质文化遗产引导时事热点问题，开展有效教育。

四、家庭、社会积极营造大学生学习非物质文化遗产的浓厚氛围

家庭成员转变观念，以身作则，高度重视"非遗"的教育功能，创造和谐的家庭环境。思想政治教育要积极利用家庭环境的教育资源，满足学生的归属需要。和谐的家庭环境对子女产生积极影响，有句话说得好，和德艺双馨的人生活在一起，就好像居住在摆满鲜花的房间，时间长了，自己就和鲜花的香气融为一体了。因此，家庭成员要转变观念，积极营造良好的氛围，打造和谐融洽的家庭环境。虽然大学生已经离开家庭走入校园，但入校之前大部分时间还是和父母在一起，所以父母对他们的影响可谓持久深远。这段时期，如果父母能有意识地去塑造孩子的道德品质，那么对他们将来的发展可以说大有裨益。孩子对父母的依赖性最强，所以他们一般会无条件服从父母的意愿。基于子女的这种心理，父母可以以身作则，多放映一些民间艺术视频，引导孩子感悟其内在的精神层次；收集民间故事，和孩子开展故事演讲比赛，品味其传递的人文情怀；罗列传统的民族节日，感悟其反映的民族心理，体会其彰显的民族情怀。父母要有意识地开发利用传统文化资源，充分发挥"非遗"的积极价值和教育功能，进而更好地为孩子的健康成长服务。

父母和孩子的互动交流，一方面改善了家庭关系，营造了和谐的家庭氛围；另一方面增强了他们了解民族传统文化的欲望。他们在共同感悟文化精神家园的同时，学会了思考、感悟、关怀。良好的家庭环境，和谐融洽的家风，有利于大学生尽快形成健康的思想政治品德。

高度重视社会环境对人思想的影响，大力倡导创造良好的社会环境，培养人的美德。社会环境是高校思想政治教育过程的重要因素，不仅对人的思想有重大影响，而且还关系着思想政治教育目标的实现。社会环境的好坏直接影响思想政治教育能否顺利开展，人们越来越认识到环境育人的重要性，因此我们要发扬积极因素，优化社会环境。大学生毕业后，必然要与社会接轨，融入集体生活，所以社会各方面应该加大力度，群策群力，多方面协调配合，大力宣传非物质文化遗产，充分挖掘传统文化资源，积极营造良好的社会环境。首先，政府机构要更新观念，做好"非遗"保护工作。当今非物质文化遗产步履艰难，甚至面临濒临灭绝的危险。因此政府部门要加大经费投入，资助传承人，使其有能力做好"非遗"保护工作。只有这样才能延续民族的传统血脉，后人才会有机会欣赏到风情各异的非物质文化遗产。其次，各城市，各地区应该充分利用本地区的"非遗"资源，对大学生开展爱国主义教育。时时利用爱国主义阵

地对大学生进行有效教育，"各级政府和企事业单位要鼓励和支持面向大学生的公益性社会活动"。很多地区都有节日民俗、庙会、文化基地等特定的文化积淀，非物质文化遗产不单单是一个外壳，一个符号，一种形式，而是具有教育功能的完整文化体系。各地区应该把这些资源作为地区文化对外宣传，引领大学生在积极参观的同时，体会其文化内涵，感悟其精神层面。最后，针对即将就业的大学生，用人单位可以改变以往的面试套路，除了考核计算机、外语等专业水平，可以增加新的考核知识，比如，考核传统文化在职业中的有效作用、传统文化与职业道德的关系等相关内容，间接地提醒大学生一定要形成正确的思想道德品德，提高自身综合素质，才能被企业顺利录用。

第五章 "非遗"视域下陶瓷文化传承与大学生思想品德教育的关系

第一节 概念的厘定

一、传统陶艺的发展及其艺术风格

我国拥有数千年的制陶历史，陶瓷文化可谓源远流长。作为世界陶瓷大国，中国有着灿烂的文化积累和历史沉淀，陶瓷艺术发展的源头可追溯到原始社会。而远古劳动人民在对土壤的开垦和接触中，又逐渐认识并掌握了黏土的可塑性，火与泥的结合有了新的创造，利用泥制成泥坯，经火烧制成造型迥异的陶器。于是人类在同大自然的斗争中获得的一项具有划时代意义的发明创造，第一次学会了利用火的特性而改变原材料的化学性质，陶器的出现与其他艺术形式一样促进和丰富了原始人的精神生活，使人类的审美意识和智慧创造性地得到了发挥。摩尔根曾说过，"陶器的发明和使用是人类由野蛮状态进入文明社会的标志"。一种属于世界性的艺术语言形式就此而生，陶瓷艺术成人类的文化交流形式之一，中东和中国世界两大陶瓷源流之间相互交织与发展，又在世界各地形成各具区域特色的艺术流派。

从新石器时代的彩陶文化开始，到唐宋迄今的各大陶瓷名窑及其灿烂多姿的制瓷艺术，历史积淀了泥火交融的文化，成就了中国的陶瓷文化。如秦代陶俑生动逼真，汉代陶俑优美生动，唐三彩的绚丽多彩，更是我国陶艺史上的创举，使我国传统陶艺技术达到登峰造极。到了明清两代，陶瓷工艺技术得到了更大的发展，陶瓷市场空前繁荣，使得陶瓷制作的分工越来越细化，工种日益明晰，制作技术越加精湛，明代的斗彩瓷，清朝的彩釉，在色彩上艳丽夺目，绘画技巧成熟，技艺高超，其作品使欣赏者赏心悦目，达到了精美绝伦的境界。在人类文明的发展史上，陶瓷艺术的历史几乎和绘画一样的悠久，中华民族为世界陶艺文化做出了卓越的贡献。

从传统陶艺的作品中看有其自身的特点。

首先，传统陶艺重视人类自身实用功能的满足，并在实用的基础上，通过造型、装饰两方面的结合来表达原始的朴素美。分析这些作品可以看到，传统陶艺作品很多一部分是属于盘、瓶、壶、罐、碗一类的器皿型作品，这些造型形体来源于客观世界，而不是纯粹思维的产物。其中包括自然形体、人为形体、几何形体和各种形体的综合加工，各种装饰方法的相互作用，并按照一定的规律发生和发挥而来的。

其次，传统陶艺在外观装饰方面，一般是利用装饰和造型结合来达到完美的艺术效果，在突出釉色和质地的表现上，充分显示陶瓷材料和工艺技术形成的视觉效果，中国传统陶艺在这方面达到了前所未有的水平。传统的装饰方法一般采用颜色釉、青釉、三彩釉、纹片釉、釉上彩、釉下彩，还有刻画花、堆雕、镂空雕等方法。中国传统陶艺在观念上追求严谨整齐，刻意求工，虽达到一种人为强制加工的完善，表现着作者智慧和能力，但在一定程度上忽略了材料的自然属性，较少表现作者的个人情感和气质。

再次，在专业教育方式方面，一般是以师徒承传的方式延续的。这种学艺方式的方法是用口传心授的方式进行的，且以技术传授为主。学习方式只重操作，通过反复制作某几种造型使其技术熟练，而非通过理论的分析和方法总结，几乎没有创造。这种陶艺教育的特点是建立在学艺者的"悟性"基础上的，学徒只是自觉不自觉地去领悟造型的技巧，同时也培养审美的能力，并逐步形成了程式化和规范化的造型理念，因而在传统的陶艺作品中，往往凸显工艺精湛、技术娴熟的工艺特点。

二、中国现代陶艺的发展现状

中国是传统的陶瓷大国，离开中国也不可能构成世界现代陶艺的全貌。今天，现代陶艺在传统艺术的基础上，不断探索创新，无论从艺术风格，还是表现形式等诸多方面，都获得了前所未有的发展。正如陶艺家白明所说，"所谓现代陶艺是艺术家借助陶瓷材料或以陶瓷材料为主要创作媒介，远离传统实用性质的参照，表现现代人的理想、个性、情感、心理、意识和审美价值的作品形式。这种审美价值重视挖掘的主要是现代社会中人的内心世界，而不是客观世界。重视新的表现方法和新的表现形式，将暗示、隐喻、象征、联想、意象等手法视觉化，表现人的意识的流动和对这个世界和社会的多种认识。"

中国现代陶艺的发展严格来说还是起源于 20 世纪 70 年代末和 80 年代初，

中国工艺美术学院（即现在的清华大学美术学院）、景德镇陶瓷学院及广东陶瓷产区等院校和地区是这种风格的最早实践者和推动者，其后，中国其他各地的陶瓷产区、陶瓷研究所以及中国美术学院、上海大学美术学院等也相继加入，成为现代陶艺发展的中坚力量。他们精通釉色、配方、烧成，具有优秀的工艺技术基础。同时，一些高等艺术院校也开设了陶艺课程和陶艺工作室，首先是原中央工艺美术学院在教学中开设现代陶艺课，景德镇陶瓷学院也不断尝试。在师范院校中率先开设陶艺课的是山西师范大学美术系。美术学院的这种尝试影响和推动着中国现代陶艺的发展。

在这20年的现代陶艺发展过程中，许多陶艺家、艺术家功不可没。祝大年、高庄、梅健鹰、周国桢、陈若菊、杨永善、梅文鼎、李葆年、陈进海、黄雅莉、姚永康、吕品昌等为中国现代陶艺的发展做了多方面的有益尝试。现在的陶艺界已不仅仅是几个名人和几个局部区域可以概括，而是一批陶艺家的涌现，这里的代表人物除上述几位外，还有李正文、张晓莉、张温帙、白磊、罗小平、邱耿玉、夏德武、谢跃、陆斌、孟庆祝、陈光辉等，风格流派众多，技法多样。周国桢的动物造型，姚永康的人物写意，陈进海的表现象征，罗小平的卷泥人物，夏德武的乐烧"脸谱"，吕品昌的意象表现，陆斌的理性解构，白磊的抽象寓意等，虽不能概括中国现代陶艺的全貌，但管中窥豹，可见一斑。

在近20年的发展过程中，现代陶艺虽还未形成风起云涌的全国性局面，但已具备了开放性和兼容性的良好基础环境。各种群展和个展在不断举办，有关陶艺的专著画册也开始受到出版机构的关注和青睐，国际性的展览和交流也日益增多，从事陶艺创作的人员也不断扩大。这20年，世界对中国现代陶艺关注的消息纷纷在广播、电视、电影等众多媒体竞相报道。为此，2002年美国陶瓷教育年会（NECEA）上还专设了"中国论坛"，1999年在荷兰举办的"世界陶艺大会"还邀请中国陶艺家参加。

陶艺由一个"字典生词"进入人们日常生活，甚至各种"陶吧""陶艺休闲屋"等也红红火火地出现在商业闹市区和旅游景点，这种现象不能不让人感到欣慰，连普通的人们都在关注陶艺，都在谈论陶艺。因为陶土、水和火都是人类最亲近的朋友和生命依赖的因素，陶艺最容易接近人性，因而陶艺也是最容易普及的。玩陶的本源在于欢乐和愉悦，是释放人性的一种手段，是通过触觉、视觉直入心灵，引人向善的一种朴实的方式。而这又正是现代人在快节奏和残酷竞争的社会生活中所渴望的，正因为如此，在西方还开设有玩陶医疗，帮助病人康复。这些事实证明了陶艺首先是一种健康的、能让普通人接受和接近的艺术形式，并从接受到熟知到表达创新，然后其中一部分人走向陶艺家的道路。陶艺的普及和陶艺热的升温会随着社会经济的发展，越来越受到普通民众的热爱。也只有陶艺活动的广泛普及才会带动相关产业包括陶艺市场的成熟和发展，这种良性循环对中国的现代陶艺和陶瓷文化的发展至关重要。

中国现代陶艺经过近 20 年的发展，已同世界现代陶艺主流结合，已经取得了一些令人瞩目成绩。中国现代陶艺的发展能如此快地与世界陶艺主流平等地交流，除了要归功于陶艺家的努力，也与中国几千年的优秀历史文化传统的奠基密不可分。在新的历史时期，中国并不缺乏优秀陶艺家，但缺少良好的陶艺教育和创作的大环境。美国、日本和中国台湾、香港等地区陶艺的发展，很大程度上得益于优厚的外部环境和良好的院校陶艺教育。在美国各大院校，都有陶艺系或开设有陶艺课程，陶艺总是被列为一个主要的专业。作为一种文化的普及，美国很多艺术中心设置陶艺的培训项目，陶艺在美国已是公众喜闻乐见的艺术种类；中国台湾现代陶艺的发展也相当成功，这也要归功于其陶艺教育的力度，台湾近 20% 的高等院校设有陶艺课程，10% 的高中、60% 的初中和小学也都设有陶艺教育课。我国内地拥有世界上最多的大学，开设陶艺课的却寥寥无几，这是造成陶艺发展缓慢的重要因素。对陶艺教育的忽略直接影响了我国陶艺在世界上的地位，国内绝大多数美术院校偏重于国、油、版、雕，陶艺课程只是一丝点缀。有的大学四年中只有少数几周的选修课，可见在陶艺人才培养方面，并未引起足够重视。即使在有限的陶艺课上也过于强调基础技法，忽略对学生创新思维和创造力的培养，重"器"而轻"道"，这也极大地制约了中国现代陶艺的发展。

国外的各种基金会经常帮助艺术家办展览、出画册，以及为他们考察、交流提供资金和帮助，对陶瓷艺术的推广起到了积极的作用。有着 37 年历史的美国陶艺教育协会拥有 4000 多名会员，包括艺术家、教育家、专业人员、赞助人、学生和国家会员，它一直在为从事陶艺事业的人提供支持和机会。该协会每年三月都要举行国际陶艺界规模最大的研讨会以及各种商业性和非营利性教育系列展等，还向学生提供研究奖学金，在美国雕塑和功能艺术中心及海外举办专业展览，并为协会成员提供到国外研修的机会。而国内的情况却不容乐观，推动陶艺发展良好环境还未形成，陶艺事业发展任重道远。中国陶瓷曾经一度推动世界陶瓷发展，但今天，却是国外陶艺在带动国内陶艺，若不是有世界一流的陶艺大师，若不是有世界一流的各种类型的陶瓷交流活动，我们的陶艺可能会停滞不前。

令人欣慰的是，中国陶艺发展的现状已引起更多有识之士的关注。中国美术家协会陶瓷艺术委员会、中国陶瓷工业协会等行业组织在近年来多次举办全国陶瓷艺术展，众多新秀脱颖而出，有力地推动着全国各地陶艺发展；在传统陶瓷工艺发展基础较好的各个陶瓷产区纷纷举办研讨会，如宜兴、佛山国际陶艺研讨会和景德镇国际陶瓷文化艺术节等；中国陶艺教育较有特色的一些院校近年也多次承办和举行国际性的交流活动，如清华大学 2000 年国际陶艺交流展和 2004 景德镇国际陶瓷艺术教育大会等，这些都对中国陶艺的发展产生了很大的影响。当荷兰世界陶艺大会为迎接中国代表而全体代表起立鼓掌时，中国陶艺家感到无限荣耀，但在荣耀的背后，却担负着重任。我相信具有探索精神的中国陶艺家在这个日益开放的时代定会潜心创作，迎接中国陶瓷的再度繁荣与复兴。

三、中国当代陶艺教育探究

随着时代的变化，现代科学技术和文化艺术的高度发展。在新的条件下，人们对陶瓷艺术的要求和需求不断提高，古老而传统的教育方式已经不能适应当今陶瓷艺术发展的形势，必须推行正规的学校陶瓷艺术教育，改变原来的教育方式的局限性和随意性。加强陶瓷艺术教育的科学性和系统性，必然会对中国现代陶瓷艺术的发展和提高起到举足轻重的推动作用。

在中国，最早见诸文字记载的，以办学校方式推行陶瓷教育的，首先要算熊希龄 1906 年在湖南醴陵创办了湖南瓷业学校，当时设国画（装饰）、辘轳（成型）、模型（模具）三科，实际是以技艺为主的中等陶瓷专业教育，聘请景德镇和日本技师来传授技艺。中国的高等陶瓷艺术教育是从 20 世纪 40 年代开始出现的，北京国立艺术专科学校时期，就已经设陶瓷科，曾得到著名美术教育家徐悲鸿先生的关注和支持。中华人民共和国成立后，国立艺专改名为中央美术学院，作为首任院长，徐悲鸿对陶瓷艺术教育表现出了极大的热情和关注。在他邀请高庄先生组建中央美术学院陶瓷科时，便团结了一批有学识、有技能、有眼光的陶艺教育家，其中包括郑可、祝大年、梅健鹰、高庄、郑乃衡等一批杰出的陶艺教授。他们要么曾留洋深造过，受过良好的西方艺术和工艺美术教育；要么身怀特技，具有丰富的陶艺传统功底和实践经验。正是这批陶艺教育的开拓者，用他们的思想和实践经验，为我国陶艺教育思想的建立奠定了坚实的基础。在这个群体中，虽然各人的艺术思想、陶艺教育观点不尽相同，但汇集起来，却构成我国陶瓷教育思想的方方面面。它的形成、扩展和最后发展的重心转移到景德镇陶瓷学院美术系,都是与我国这一代陶艺教育家的突出贡献分不开的。

中华人民共和国成立后,国立艺专更名为中央美术学院,设立了实用美术系和陶瓷科,每年招收新生,虽然学生人数不多,但从未间断,一直开设了陶瓷课程。但由于当时中国的陶瓷工业生产发展落后,陶瓷艺术教育的发展也受到很大的影响。

到 50 年代中期,中国陶瓷艺术教育进入了新的发展时期。50 年代,中国轻工业部相继成立了景德镇陶瓷学院和中央美术学院两所陶瓷专业院校。景德镇陶瓷学院下设陶瓷艺术、陶瓷工艺、陶瓷机械等与陶瓷有关的专业,学制 4 年。1956 年中央美术学院实用美术系分出来成立中央工艺美术学院,陶瓷科改为 5 年制本科的陶瓷美术设计系,作为独立的学科而存在。陶瓷美术设计系集中了从法国、美国、日本等国留学归国的著名教授,把在国外接受的关于陶瓷艺术教育方面的经验借鉴到国内的教学中,结合中国陶瓷发展的状况,探索中国现代陶瓷艺术教育的出路。他们不仅在理论上有自己独到的见解,而且在陶瓷艺术创作设计实践方面也有杰出的表现。他们的教育思想、观点和教学方法受到重视,在相互融合中形成了当时国内比较完整的教学体系。明确地提出培养学生具有从构思设计到完成工艺制作的整体思想,强调在继承传统的基础上创新,加强学生的工艺实践能力。这些早期的有关陶瓷艺术教育的思想的影响是深远的,他们奠定了中国现代陶瓷艺术教育的基础,为今天的陶瓷艺术事业的发展培养了众多杰出人才。

中国的陶瓷专业教育在 20 世纪五六十年代,基本上处于封闭状态。由于中国陶瓷工业生产发展的需要,这两所院校承担了企业培养艺术设计专业人才的任务。专业课程设置注重日用陶瓷设计和艺术陶瓷设计两个方面。景德镇陶瓷学院则单独设立了雕塑专业,但培养方向的定位,决定了教学沿着工艺美术的方向发展。值得肯定的是,原中央工艺美术学院和景德镇陶瓷学院在中国当代陶艺发展的进程中发挥了重要作用,它们肩负着中国陶瓷艺术创作、设计人才培养的任务,为重振中华陶瓷文明做出了很多基础性努力,在很大程度上满足了社会需求。当今活跃于中国或世界陶艺创作前沿的艺术家,大部分出于这两所院校,其功不可没。

到了 70 年代末,进入 80 年代后,特别是 90 年代改革开放给陶艺教育带来了新的发展。吸收外国陶艺教育的经验,结合中国陶瓷发展的具体情况,逐步建立起新的教学体系,在课程设置方面增加培养创造性思维和实践能力的新内容，删除部分作用不重要的课程，改进教学方法，从而使教学质量得到显著提高。全国美术院校陆续设立了陶艺专业的系、科或工作室，原浙江美术学院工艺系成立了陶瓷研究中心，中央美术学院也在 1994 年成立陶艺工作室，实践研究生和本科生陶艺教育。另外，还有上海大学美术学院、湖北美术学院、西安美术学院、景德镇陶瓷工艺美术学院、苏州工艺美术学院、厦门工艺美术学院相继成立陶艺系或工作室开展陶艺教学。他们都在吸收西方陶艺教育经验的基础上，结合中国陶艺发展的具体情况，逐步建立起新的各具特色的陶艺教学体系。

目前，景德镇陶瓷学院、清华大学美术学院、中国美术学院、中央美术学院、上海大学美术学院还招收陶艺专业硕士学位的研究生，整个的教育状态呈迅猛、持续发展的态势。

虽然中国陶艺教育已经走过了大半个世纪的历程，但始终没有突破性进展，多数的陶艺教育仍然以技巧教育为主，追求的是"由技入道"。所谓匠人就是只有技巧而无思想，更谈不上创造性，这种人永远注定沿着别人的路走。真正作为一个艺术家的素质和要求，需要思想的独立性，要有创造意识和对学术研究的不屈不挠的韧性。否则，技艺再好，在创作上也很难突破，凸显后劲不足的通病。因此，如何提升陶艺教育的品位；如何在教育中弘扬陶瓷艺术的精神，并继承和学习优秀的传统；如何摆脱延续千年的师承教育模式及如何引进和借鉴西方现代陶艺教育的先进经验等，是摆在中国当代陶艺教育面前的众多难题。

第二节 陶瓷文化传承与大学生思想品德教育的内在联系

近年来，教育部针对我国各级学校教育中存在的问题，明确指出学校应加强学生的综合素质教育，特别是艺术素质教育，要培养出具有创新能力、适合未来社会发展、具有前瞻性的复合型人才。美育是学校教育的重要组成部分，是对学生全面进行素质教育的最基本要素之一。

著名教育家蔡元培先生先生曾说过："美育可以启智、陶情、健体"。可见，美育与德、智、体是不可分割的，它对德、智、体起着不可或缺的辅助作用，使人的素质全面和谐和充分发展，使德、智、体、美等有机地统一在教育活动的各个环节中，这是今天素质教育最基本的内涵。而强调"内化"和"发展"，即人类文化向个体心理品质的"内化"和促进学生内在身心的发展"是素质教育思想的核心所在。作为世界各国传统文化中孕育成长的艺术和世界各民族形象思维的结晶，陶瓷艺术几千年来一直以其深厚的文化底蕴，凝重的历史烙印，伴随着人类社会的发展，记载着人类社会文明进步的轨迹。因此，陶瓷艺术教育作为美育的一个重要组成部分，具有对人的思想品质教育、人文思想教育以及树立个性、陶冶情操和发展智力等素质教育功能。陶艺前瞻性素质教育也要求陶艺教育在科学预测基础上，结合当今学生的实际情况，实施发掘培养能充分适应当今社会甚至未来社会、审美需求的具有全面素养的人。

一、陶瓷艺术的教育性特点

陶瓷艺术凝结着人类社会的思想、文明与进步。陶瓷从一开始就成了人的创造性发挥，陶瓷器皿不是自然界恩赐的，是人类最早通过化学变化，将一种物质改变成另一种物质的创造性活动。开创新石器时代的一个重要的标志是陶器的出现和应用，这也是人类文明史上的一个光辉灿烂的标志。恩格斯在《家庭、私有制和国家的起源》中指出，人类之野蛮的低级阶段，向文明阶段的发展，是从学会制陶开始的"。中国古代先民通过对制陶工艺的不断改进，从彩陶那简洁的几何纹样及单纯色彩的装饰图案，进而又从陶器发展到瓷器，从无釉到有釉，从釉下装饰到釉上装饰等，不仅创造出如玛瑙、如美玉、如宝石的陶瓷艺术品，而且中国古代文化中包括音乐、舞蹈、戏曲、杂技等绝大多数艺术门类都可以从陶瓷装饰画中寻觅到各自的发展踪迹，甚至中国书法艺术也可以从陶瓷装饰中找到自己发展的脉络。更可贵的是，正因为陶器的出现，在技术上、造型上为青铜器的出现做了准备。另一方面，由于陶瓷制品作为满足人类物质生活必需的日用品，又是具有一定审美价值的工艺美术品，这种物质功能与精神功能相统一的属性，就形成了它的文与质相统一的美学旨趣。"文胜质则史，质胜文则野，文质彬彬，然后君子。"中国陶瓷这种文与质相统一的美学旨趣，是根植于中华民族传统哲学基础之上的。从大量出土的不同时期的陶瓷艺术品中可以看出，它们都明显地带有每个时期哲学思想的烙印，以及对真、善、美情感的流露。古代陶艺家通过对陶瓷作品的创作，真实地反映和记载了中国的传统哲学文化及思想道德的价值取向。

几千年来，陶瓷艺术因其丰富的文化底蕴而成为世界文化中的精华。丰富的陶艺遗存，折射出一种文化的光辉，它不仅记载着人类发展过程中的灵性和体悟、思维与追索，也反映了艺术语言形式创造历程的艰辛与伟大。在陶瓷艺术漫长的发展历程中，凝结着天、地、人共时运动及思想史的演化。陶瓷艺术作为世界各国传统文化中孕育成长的艺术和世界各民族形象思维的结晶，由于它记载着人类社会的发展、文明与进步，因而，它也就有了一种凝重的历史感。通过陶艺学习，可让人感受到中国传统陶瓷艺术文化历史的博大精深，激发其民族自豪感，爱国爱民，增强奋斗钻研的精神。

二、陶瓷艺术教育的素质教育功能

（一）陶瓷艺术教育有利于培养学生创新意识和创造力

陶艺创作是一种创造性活动，陶艺教育也必须是一种有关创造的专业教育。陶艺教育在传道、授业、解惑的同时，更偏重于培养人的创造力，陶艺教育对创新思维的培养有特殊的、不可替代的作用。正如意大利陶艺家波尼·素拉所说，"我献身于陶艺，因为它开创了各种可能性，那是绘画所没有的，当工作进行的时候，新的方法、新的范畴和新的经验永远是开放的"。我国著名科学家钱学森在遇到难题，单靠逻辑思维推理百思不得其解时，靠艺术的形象思维的直感，得到了意想不到的收获。陶艺教育正是以造型图像来传递信息，通过对事物的观察、艺术的欣赏和实践来锻炼学生的形象思维能力。通过对繁多的造型图像信息，如平面的、立体的、光滑的、粗糙的、软的、硬的、色彩的等的收集，丰富了学生大脑中形象信息的储存。陶艺教育以它这种直接参与性、直观性的特点，使学生获得风格迥异、色彩缤纷的视觉冲击，并通过视觉从外界刺激中获得信息，并与科学的、严谨的逻辑思维交替作用，从而产生新的启示和发明。

陶艺正是由于其制作过程的随意性以及多种可能性并存的特点，有利于培养学生的创造性思维能力。陶艺的制作过程中从制坯成型到高温烧成，即从泥土变为陶瓷，通过泥的语言变为一件活生生可触摸到的艺术品，这种如同孕育生命般的感受无疑会让学生产生成就感，在玩的方式中唤起了学生的学习兴趣，激发了学生对学习的内在动力，从而以更大的热情和更坚强的意志投入到学习之中，这些看似非智力的培养，恰恰是培养学生创造力及学习兴趣的因素所在。

（二）陶瓷艺术教育的智力教育功能

陶艺活动是一种以认知和创造活动为基本特征的智力劳动。目前人类对大脑的智力开发只占一小部分，而就这一小部分，也以左脑的抽象思维为主，偏重于控制动作和形象思维的右脑很少参与。陶艺教育作为以形象思维为主，形象思维与抽象思维共同参与的一种教育方式，在挖掘和开发学生智力的教育中，有着不可或缺的作用。

从实践角度讲，陶艺教育是受教育者以身体直接参与与体验的方式，去获得前人积累的技术、技能、经验、知识成果，再将其通过个体的介入变成自己内在的新知识、新技能。在陶艺教育中，认识主体充分发挥自己的记忆、观察、思考、分析、综合判断的能力，来解决陶艺制作过程中所遇到的问题；同时，认识主体从中也对自身的智能结构作不断地调整和建构，从而逐渐形成具有主体特征的新的认识能力。因此，陶艺教育的智力作用是由陶艺丰富的知识内涵决定的。

因此，我们可利用陶艺教育过程中大脑智力活动通过动作技能外部表现形式这一形象思维与抽象思维共同参与的特点，充分发挥认识主体的记忆、思考、分析、综合判断的能力，启发学生的思维和联想能力，提高思维的独立性和批判性、广阔性和深刻性、敏捷性和灵活性以及逻辑性、创造性等思维品质，来发展学生的智力。

（三）陶瓷艺术教育能提高审美素质、树立个性和陶冶情操

陶艺作为艺术活动之一，必然会受到美学规范的制约，审美也必然成为陶艺价值体系的一个组成部分和具体表现。因而，审美教育始终贯穿于陶艺教育的全过程。陶艺作品作为陶艺的物化对象，陶艺教学的目标之一就是培养人对陶艺的审美价值。通过创造陶艺形态的过程，可以不断提高审美素质。

陶艺制作由于具有火与土的丰富多变、自然天成以及其朴实性特点，已成为更多的人寄托思想情感的表达方式。制陶的每一道工序、每一处手工所体现出的创作主体的审美情趣、个性化意识更被人们重视，使现代陶瓷艺术更增添了一份个性精神特征。在自我精神价值受到肯定和尊重的氛围中，陶艺提供给学生的无限可能性是学生树立个性的良好土壤。

陶艺是最近人性的艺术形式之一。玩陶的本意还在于欢乐和愉悦，是释放人性的一种手段，是通过触觉、视觉直入心灵，引人向善的一种朴实的方式，而这正是当代人在快节奏生活和竞争激烈的社会中受到压抑的心灵所渴望的。正因为如此，在西方还开设有玩陶医疗，帮助病人康复，并且早已广泛应用到教育领域。受到国外的影响，近几年来，陶艺在国内也迅速发展起来，陶艺工作室、陶艺休闲吧在大中小城市中得到普及，给人们疲倦的身心提供了一块释怀自我的绿洲，给生活增添了一份轻松。因此，玩陶带来的愉悦，陶泥的朴实、亲切感，有益于少年儿童的身心健康。随着陶艺的普及化和社会经济的发展，在中小学开设陶艺课程将成为可能。启智、陶情、健体正是陶艺教育之目的，也是素质教育之根本所在。

（四）科学意识与综合能力的冶炼

从矿石泥土变成质地坚硬而又美观的陶瓷的过程，同时包含着物理、化学变化，这是一门科学。要驾驭"陶艺"的全部过程，玩泥制陶得逐步熟悉泥性、水性和火度；造型中重心、厚薄、倾斜度，釉的成分，流动性等，也直接影响你的陶艺在烧炼后的效果。因此通过学陶艺，也可以培养人们的科学意识和遵循科学规律办事的意识和素质。同时也锻炼了人们的综合能力，包括人的思维能力、观察与分析能力，用科学手段去调整、分析和解决问题的能力及综合艺术手段的表现能力等。

第三节　陶瓷文化融入大学生思想品德教育的必要性

一、大学生思想品德教育中文化品性缺失的现状

一定的社会实践活动总会产生一定的结果，产出高于投入，就产生了效益。思想品德教育作为一种精神生产实践活动同样具备一定的效益，也就是我们通常所讲的"有效性"或"实效性"。"实践活动的有效性，就其实质而言，是体现于特定价值关系中的价值属性问题。价值关系，表现为客体在满足主体需要的过程中所构成的主客体之间的关系。凡是能够满足主体需要的客体，就是有价值的客体，反之则是无价值的客体。"思想品德教育的实际效果，指思想品德教育产生的客观效果或发挥出来的能量，反映了思想品德教育实际运作对思想品德教育应有功能和既定目标的实现程度，是思想品德教育的内在效果、外在效益、工作效能及效率的综合体现。思想品德教育是用中国特色社会主义的品德观点、思想体系、道德规范对社会成员施加影响，使他们形成一定社会和阶级所需要的思想品德的社会实践活动。因此，其效果的强弱就表现在满足人自身发展和社会发展的作用力大小，换句话说，就是指思想品德教育对人和社会发展的价值大小。思想品德教育本身具有教育周期长、效应的滞后和多变等特点，故而考察思想品德教育的实效性存在困难，需要我们从宏观和长远的角度出发，坚持物质尺度与精神尺度相结合、社会尺度与个体尺度相统一的原则。物质尺度与精神尺度相结合是指我们在评价思想品德教育的有效性时，既要关注它对人们实际物质生活水平提高的推动作用，也要关注它对提高人们的精神生活水平所发挥的作用。因为思想品德教育属于精神生产活动，主要是做

人的思想工作，其物质效益和经济收益都是通过影响人的思想间接实现的，所以更应该从精神层面考察思想品德教育的实际效果。社会尺度与个体尺度相统一是指衡量思想品德教育效果不仅要从个体思想道德状况和精神面貌的层面展开，还要从社会发展、稳定、和谐的角度来衡量。社会是由个人组成，个体的思想道德水平影响整个社会的道德风尚，社会价值通过个体价值来实现，所以评价思想品德教育的效果，个体尺度更关键。

（一）个体文化精神的迷失

文化精神是指各民族文化在历史发展过程中建构起来的核心价值理念、道德理想、民族精神。这种文化精神既体现在不同民族的伦理、道德、礼仪、制度、品德、法律、宗教信仰、哲学、艺术之中，也体现在民风、民俗、思维方式、行为方式、价值观念、心理、性格、气质之中。文化精神是各个民族的文化内核，它深刻影响生活在其中的每一个人。文化精神既然具有民族性，因而也具有独特性，每一民族的文化精神各不相同，有自己的特点。中国的文化精神最大的特点就是家族本位。以伦理思想为例，中西伦理思想就有很大的差别，"西方人的伦理思想，建立在以个人为根本的基础上；中国人的伦理思想，建立在以家庭为根本的基础上。"进入转型时期的中国社会，在"全球化""与国际接轨"的口号下，整个现代化正在迅速地"去中国化"，正在使国家民族失去文化的根本精神与理念。人们摒弃旧的文化精神，失去对传统伦理秩序的崇拜，而新的文化精神和道德规范等精神家园尚未建立起来，道德权威的丧失，规范的消解，使人们迷失了自己，不知道该信仰什么，出现了精神危机。

（二）理想信念模糊

传统思想品德教育漠视身处的文化背景，保持一贯的品德倾向性，连理性信念教育也是高高在上，抽象而空洞，内容多是"为实现共产主义而奋斗""为社会主义奋斗终身"……，与人们的生活相去甚远。随着文化产业的兴起和发展，大众文化借助最现代化的传媒工具逐步扩展自己的空间。思想品德教育的品德话语权弱化，大众文化以强大的娱乐功能和对感官欢愉的追求消解了道德理性、精神价值、理想信念等文化内涵。人们漠视理想信念，抵触中国社会的主流意识形态，丧失对崇高精神的追求和对崇高人格的塑造，及时行乐的心态取代了原有的道德追求。

（三）价值取向混乱

价值观是指一个人对周围客观事物总的看法。价值观影响人的行为动机和对生活目标的选择。改革开放前，社会价值观呈现出高度整合的同质状态，思想品德教育宣传一元主导的社会价值观符合当时的社会背景。今天，由于全球化的世界格局和中国现代化进程的进一步深化，当代中国文化正处在激烈冲突之中。呈现于人们面前的是多元价值冲突的异质形态，脱离文化底蕴的思想品德教育忽视人的主体性，陷入"人学"空场的误区，在引导占主导地位的一元价值观念时，没有很好地处理个体多样化价值取向要求，反而致使主导价值边缘化，价值取向混乱。正像马克斯·舍勒所说，这是一个"价值颠覆"的时代，"不仅是人的实际生存的转变，更是人的生存标尺的转变"。多元价值观的充斥，给人们带来选择的困惑和痛苦，仿佛站在十字路口，焦灼不安，不知何去何从。

（四）社会现实问题凸显

个体组成社会，个体文化精神的迷失导致个体在现实生活世界的沉沦与萎缩，引发一系列的社会问题，主要表现在社会道德滑坡和社会道德滑坡。知识化的思想品德教育把思想品德教育当作思想品德知识的传递过程，而非一种文化化人的过程。在这种理念的指导下，教育者满足于思想品德知识的宣讲，而忽视受教育者的情感体验、理性判断、自主选择能力的培养，也不关心受教育者的践行结果。这种教育方式完全脱离了思想品德教育本应具备"文化之"和"化人之"的文化内蕴，弱化了思想品德教育对"德性"的培养效果。社会道德失范现象比比皆是，比如，最近被媒体大量报道的食品安全问题，很多不良商家唯利是图，制假售假，罔顾他人死活。还有"小月月"事件，"老人倒地无人敢扶"反映了当前社会人情淡薄、信任缺乏、见死不救。屡被媒体曝光的官员的贪污腐化、权钱交易、权色交易。还有被媒体热炒的明星婚内出轨、嫖妓、吸毒等。如此种种，让人不得不忧心当前社会的道德状态。

（五）社会认同危机

当前社会认同危机包括两个方面：一是对思想品德教育本身的认同危机。随着改革开放的进行和社会主义市场经济的逐步建立，"以经济建设为中心"的现代化战略成为举国上下共同的目标。社会中心的转移使人们对品德的关注度比起"非常态"社会背景下要淡化得多。现代社会运行"常态"条件下，脱离文化内涵的思想品德教育常年一副品德化"面孔"，往往语言枯燥、思想僵化、方式古板乏味，必然受到人们的冷遇和排斥。二是对思想品德教育传递的思想观念、品德观点的认同危机。思想品德教育的意识形态本质毋庸置疑，培养受教育者的品德认知和品德素养一直是它的重要任务。脱离文化内涵的思想品德教育在目标定位、内容体系上过于强调这种品德功能，忽略了思想品德教育也是一种价值教育，它也关涉人的情感、意志、信念等精神性因素。思想品德教育如果过分强调品德性功能且忽视受教育者的文化精神需要，就很难在情感上得到受教育者的认同，进而不认同思想品德教育传递的品德内容和品德观点，表现出品德冷漠、品德参与性不强以及功利化的品德情感。

文化品性缺失致使思想品德教育面临的困境。接下来，我们就逐一分析思想品德教育脱离文化的原因。在阶级社会，思想品德教育产生于统治阶级为维护本阶级利益对被统治阶层开展的思想工作和品德教育工作，所以，阶级性、品德性、意识形态性是思想品德教育的鲜明属性。新中国的思想品德教育也发端于新民主主义革命时期中国共产党的品德工作。因此，从社会历史发展角度剖析思想品德教育，强调品德品性是其一贯作风，由此遮蔽了思想品德教育的文化品性。其次，科学主义对人文主义的挤压使思想品德教育人文本性失落，变成知识传递活动，与生活实际相去甚远，与文化化人相去甚远。再次，思想认识的偏差也是思想品德教育功能无法全部发挥、实际效果不佳的重要原因。

思想品德形成过程是知、情、信、意、行诸心理因素辩证运动、相互作用的过程。知就是知识，必要的知识掌握是思想品德教育的前提和基础，有其应有的价值和地位，我们不应该批判。而把掌握知识作为思想品德教育的单一向度，就陷入了迷途。受科学主义思潮的影响，思想品德教育出现知识化倾向。思想品德教育知识化是指用对待自然、对待物的方式来审视思想品德教育，忽略其具有的人文属性，夸大认知的作用，漠视情感、意志、信念、动机、行为等方面，把思想品德教育变成像自然科学教育一样的知识传授和认知开发过程。思想品德教育知识化的支撑逻辑为：只要掌握了思想品德知识，人的思想品德自然就会提高。社会生活中知行不一和知识分子失德现象时有发生，说明拥有道德认知并不一定就会有道德的行为，想顺利实现转化，需要有道德情感、意志等非认知因素的参与。

知识化的思想品德教育重视"知识获得"而忽略了情感、意志等非认知因素，在一定意义上说，也是对思想品德教育中人的主体地位的片面理解。思想品德教育是一种文化传递的过程，但"文化传递"不等同于"知识传递"，"文化传递"包括"知识传递"，还包括思维方式、意义、价值等的传递。众所周知，思想品德教育是做人的工作，人是一种拥有知、情、意等多维度的复杂的存在，想通过科学的单一方式对人的复杂的心理活动进行描述和研究，过度关注用概念和理论体系建构的"科学世界"，忽视思想品德教育的生活世界，这样的思想品德教育必定会低效。因为，知未必导致行，只有在知外化为行动时才宣告思想品德教育过程的完成，而在知和行之间还需要一定的桥梁和中介，如情、意、信等非知因素。成功的思想品德教育过程必定是知、情、信、意、行共同作用的结果，受教育者仅掌握单一的知识，未必能形成教育者所期望的思想品德。

思想品德教育工具理性偏向是科技理性极度膨胀的结果，其弊端是重视社会价值而压制个体价值，重实用价值而贬抑生命价值，前者表现为工具性，后者表现为功利性。从工具性来讲，思想品德教育一直以来主要从服务国家和社会的立场出发，表现出明显的工具性的价值取向。"必须为社会主义现代化建设服务"，"培养德、智、体等全面发展的建设者和接班人"等表述成为思想品德教育的目的。当然，为国家的品德经济建设服务，为中国特色社会主义培养"建设者"和"接班人"是思想品德教育的重要任务。但作为一种教育活动，我们不能忽视思想品德教育的本体意义，即对人的思想品德素质的培养，对人的全面发展的促进，对人的主体性、独立性的关注。思想品德教育完全工具性的价值取向使其成为国家品德经济的工具，教育培养的不是人自身，而是"建设者""接班人"。思想品德教育泛品德化的倾向也有工具性价值取向的一部分原因。思想品德教育在为"无产阶级服务"的大旗下，沦为阶级斗争的工具。甚至，在人的发展成为时代主题的今天，还有把思想品德教育窄化为品德教育，以品德的教化取代品格的培养的现象存在。

思想品德教育文化品性缺失。除了上述的原因之外，还有一个原因就是人们对我国思想品德教育的理论和实践存在着片面的认识和理解。理想是人们对于美好生活的向往，是一个国家和民族前进的精神动力。胡锦涛说过，"理想信念，是一个政党治国理政的旗帜，是一个民族奋力前行的向导"。思想品德教育对理想的追求并没有错，而错在对理想的简单认知和不科学的理解上。

一方面，在确定教育内容方面呈现出过度理想化的倾向。把公而忘私、大公无私、乐于奉献、勇于献身、必要时不惜牺牲自己的生命等作为对所有人的要求，忽略了现实生活中所需要的基本道德规范，如家庭美德、职业道德、社会公德等。"过去的思想品德教育常常脱离人们的心理活动、婚姻恋爱、学习方式、人际关系、个性发展、职业选择和文化生活等实际，而恰恰是这些方面存在的问题影响到人们的健康成长和全面发展。"我们要知道，人是现实的人，人的思想道德水平是多层次的，教育者把高道德标准作为所有教育对象必须接受的内容，与多数人的思想道德水平不符，得不到受教育者内心的认同，无法让受教育者真正接受。

另一方面，我们在处理理想和现实的关系时存在误区。思想品德教育作为一种文化类别，既要源于现实也要高于现实；既要为社会现实服务，也要体现一定的精神追求，起到精神引领的作用。而人们现存的问题却是：要么完全理想主义，要么极度现实主义，非此即彼。与上文阐述的过于理想化相反，我国进入改革开放的新时期后，开始矫正空洞、抽象的理想主义，用务实和实用主义取代理想主义。结果，矫正过度，人们变得质疑、否定，甚至排斥理想。经济主义为追求片面的物质利益将人的自然本能空前地释放出来，受此影响，中华人民共和国成立后的头 30 年人们崇拜英雄，有着崇高的革命理想，而英雄、榜样的形象过于高尚，难以模仿，因而逐渐失去大众的支持。改革开放后，经济主义盛行，物质主义、享乐主义很快取代原来的革命英雄主义价值观，人们对精神、理想持一种冷漠甚至嘲弄的态度，比之理想人们更关心现实，比之精神人们更信奉物质。思想品德教育因不能直接产生经济效益，其社会地位日益衰微，现实社会中出现了"弃道德化"的倾向，一切都在经济主义的侵蚀下无所神圣，无所畏惧，一切都被允许。物质主义、享乐主义的盛行使意义和价值成为虚无，这种"无意义"感让个体精神无所依归，感到迷惘和沮丧。事实上，现实需要理想的引导，越是在多元思想和价值观冲突的时代，越需要思想品德教育的价值引领。我们要恢复思想品德教育应有的地位，以此监护人的自然本能欲望，发挥其对人的德行的培育和教化作用。过于理想化背离了思想品德教育的本质，过于现实也不可取，思想品德教育要在"理想—现实"的动态平衡中认识和改造世界，既要彰显超越现实生活的理想性，也要直面道德生活的现实需要。

事实上，我们既是社会的人也是个体的人。从思想品德教育的实践效果看，没有个体道德水平的提高和人格的完善，就没有社会的发展，社会价值的实现最终以个体价值的实现为前提。一个国家的执政党如果没有社会个体的认同与支持，仅靠制度的规束和法律的督促是无法取得其合法性地位的。马克思强调，人是社会的主体，社会是人的社会，是由人组成的。"人作为人类历史的经常前提，也是人类历史的经常的产物和结果，而人只有作为自己本身的产物和结果才成为前提"。当然，只着眼于个体功能也不行，会直接损害社会功能的发挥。所以，思想品德教育在处理社会价值和个体价值关系时要取得平衡，就既要考虑思想品德教育的社会功能，也要考虑个体功能，将利他与利己结合起来。

二、陶瓷文化的丰富内涵对大学生思想品德教育的意义

（一）陶瓷文化崇尚人与自然和谐相处

"和谐"理念包括两方面的含义。一方面是指人与自然的和谐，另一方面指的是人与人之间的和谐。儒家、道家所提倡的"天人合一"的思想指的就是人与自然的和谐要和谐相处。"《管子·五行篇》所谓'人与天调，然后天地之美生'及《易文言传》所谓'大人者，与天地合其德，与日月合其明，与四时合其序'等。"可见人与自然和谐发展的思想贯穿于中国古代的各个历史时期。老子提出"人法地，地法天，天法道，道法自然"强调的就是人要以尊重自然规律为前提，将崇尚自然、效法天地作为人们行为的最高准则。庄子提出了"天地与我并生，而万物与我为一"的观点，其寓意是强调人必须要遵循自然规律，顺应自然，与自然和谐相处，最终可以达到"天人合一"的境界。

"和谐"观念是也中国古代陶瓷烧制的灵魂，是中国古代陶瓷艺术设计的哲学思想核心，中国传统文化非常注重和追求人与自然的"天人合一"，在陶瓷烧制过程中，"天人合一"的文化理念处处可见。

首先，陶瓷是巧妙利用"天地和谐"而实现"天人合一"的产物。古代的能工巧匠在烧制各种陶瓷器皿时，都注意顺应陶瓷原材料自身的特性，并遵循一定的自然规律，将制瓷原材料自身的特性与人的奇思妙想巧妙地结合在一起，最终实现"天人合一"，达到人与物浑然一体的境界。

其次，陶瓷作品的造型充分表达和谐理念。如深受人们喜爱的执壶就生动地体现了圆润、对称、平衡、内敛（壶嘴小巧不事张扬）的"和谐"观念。执壶造型可分为上"中"下三部分，壶口外翻，颈部较短，肩部稍耸，形成自然弧线，到腹部渐敛；上"中"下三部分融合在一起，在形态上形成了对比，产生了互相衬托的感觉，使这个瓷壶达到整体和谐的效果。烧制陶瓷过程中的这种天人合一的文化理念体现了人们遵循自然规律，表达了人与自然的和谐相处的美好愿望。

再次，通过大量与人类息息相关的动物造型陶瓷作品展现人与自然的和谐共生关系。马克思认为，人是自然的一部分"人直接地是自然存在物，一方面具有自然力、生命力，是能动的自然存在物，这些力量作为天赋和才能，作为欲望存在于人身上；另一方面，人作为自然的、肉体的、感性的、对象性的存在物，和动物一样，是受动的、受制约的和受限制的存在物"。要求人与自然要和谐相处。制瓷工匠们将陶瓷烧制为动物的形状，邢窑烧制出了惟妙惟肖的

生肖瓷塑，定窑烧制了栩栩如生的鹦鹉型壶、磁州窑烧制了较为实用的鸡首壶。通过陶瓷作品美化动物、植物，通过陶瓷用具潜移默化地教化人们，热爱自然，关爱自然，和自然万物和谐相处。

陶瓷的造型、装饰图案中所刻画的大多是生活在自然界中的花草树木、鸟兽虫鱼等。人们赋予这些植物、动物以和谐的寓意，表达了人们希望和自然界进行沟通的强烈愿望，生动、形象地反映人与自然的和谐统一。雕刻在陶瓷器物上的这些植物纹和动物纹，都是自然界中最为常见的物质，在这一陶瓷文化中，人们总是在执着地追求人与自然和谐统一。人们就把自己的愿望和理想寄托在这些纹饰图案上，期待自己这些美好的愿望和理想能够得到实现，这深刻体现了人与自然关系的你中有我我中有你的和谐统一。

（二）陶瓷文化崇尚人与人和谐相处

"和谐"理念的另一方面指的是人际关系的和谐，也就是人与人之间和谐相处，最为关键的是要"以和为贵"。"和"的前提是要有爱心、仁心。孔子提倡"仁者爱人"，是希望人与人之间互敬互爱，还主张"君子和而不同，小人同而不和""己所不欲，勿施于人"；孟子进一步提出"天时不如地利，地利不如人和"都在强调人与人之间要和谐相处；老子提出"见素抱朴，少私寡欲"等这些思想都体现出了人与人要和睦相处、要融洽和谐的美好愿望。通过陶瓷上雕刻的一幅幅生动形象的纹饰图案，调节着人与人之间的关系，使其走向和谐。

（1）祥瑞之鹤，表现道德和谐。鹤在中国传统文化中是一种寓意长寿、祥瑞的动物，民间视鹤为长寿之禽，因此有"鹤寿"之说。在《淮南子·说林训》中写道："鹤寿千岁，以极其游"，借鹤来表达长寿之意。唐朝诗人王建的《闲说》一诗有云："桃花百叶不成春，鹤寿千年也未神"。民间还有"龟鹤齐龄"的说法，龟与鹤均为长寿永年之物，将二者组合在一起，其寓意为吉祥长寿。在唐代，鹤纹出现在瓷器上，但是数量较少。到了宋金时期，鹤纹用于瓷器装饰上逐渐增多，"磁州窑刻画鹤莲纹，仙鹤身似鸵鸟，左翅稍微伸出，右翅合于腹侧，长颈回首，似做跃跃奔跑状，身侧配以荷花，附配水波纹边饰，鹤的形象十分高大突出。"体现了人们希望老人能够健康长寿，表现了敬老尊老的道德和谐。

（2）鸳鸯并行，体现家庭和谐。鸳鸯，为我国珍贵的禽类。古代称鸳鸯为"匹鸟"，据记载，雌雄鸳鸯形影不离，终日并游，"交颈而眠"。人们将鸳鸯比作夫妻之间相亲相爱、白头偕老，把它看作是夫妻恩爱、婚姻幸福的象征。隋唐时期就有工匠鸳鸯纹作为装饰雕刻在陶瓷上,宋朝时,鸳鸯纹已变得相当普遍,定窑、磁州窑瓷器上雕刻的鸳鸯纹十分丰富,刻有鸳鸯戏莲纹、鸳鸯戏鸭纹,深受人们喜欢,鸳鸯多是成对出现,并行的鸳鸯体现了人们追求夫妻关系的和谐、家庭的美满幸福的美好愿望。

(3)婴儿游戏,彰显人际和谐。婴戏纹,即用儿童作为画面的主角,描绘了儿童游玩的种种场景。婴戏纹多从农家生活中直接提炼而来,质朴感人,生动形象。隋唐时期,婴戏纹开始用于陶瓷的装饰,但是数量较少,到宋朝时,婴戏纹已普遍用于陶瓷装饰,这一时期,婴戏纹逐步走向成熟。其中磁州窑瓷枕上雕刻的婴戏纹最为生动传神,题材多样,表现此类题材的作品有二十种之多,例如童子垂钓、骑竹马、蹴鞠、放风筝、扑蝴蝶、双婴戏鸟等。此外,北宋时期,定窑瓷器上也雕刻着婴儿纹,最为常见的是婴儿戏莲纹,刻画的婴孩身体形态传神逼真,飘逸洒脱,招人喜爱。还有一些用婴儿这一人物形象作为陶瓷器物的造型,如宋定窑烧制的孩儿枕、磁州窑的三彩孩儿枕等。陶瓷上雕刻的婴戏纹在我国一直都深受百姓喜爱,尤其是在我国的北方社会,它生动地刻画了孩童的各种生活场景,体现了人际关系的和谐,同时也表达了人们祈愿多子多福的美好愿望。

陶瓷通过种种其乐融融的和谐图案,使中国社会的人际关系走向亲密与和谐,使得人们得到心理上的满足,达到内心的和谐,让人们在处于任何艰难困苦的生存环境中都能乐观面对,积极生活。这些纹饰图案和造型以其丰富的表现形式,彰显了人与自然的和谐关系,同时也使人的内心世界不断走向和谐,促进了和谐人际关系的建立,深刻地体现了陶瓷崇尚人与人之间和谐相处。

(三)陶瓷艺术文化提升大学生审美素养

1.陶瓷造型风格注重自然美观

在中国古代几千年的历史长河中,陶瓷造型的发展经历了从无到有、从简单到复杂的发展过程。陶瓷造型的发展和变化,是许多种因素共同作用的结果。多种多样的陶瓷造型体现了当时社会的烧制工艺、社会风俗、审美理念和文化内涵。陶瓷的造型就是塑造陶瓷的外观形状,它包括陶瓷的口部、颈部和底部的形状。一件好的陶瓷器物造型应该是实用功能与鉴赏功能的统一,陶瓷的造型不仅反映了陶瓷的实用性,还能反映出它所具有的审美性。

(1)爱美审美。进入了制作陶器时期,其具体形式、工艺程序是在实践中形成发展的。先民根据生产生活的需要,创造了形式各异的陶瓷使用器具,即盛装器、饮水器、储藏器以及一些生活劳动用具。

人们在漫长的人类生活和劳动中，在历练这创造能力及繁衍生息的同时，陶瓷技艺及陶人思维随之产生变化并进入自觉时期，由简单的满足需要，上升到美的追求。提高使用效益与满足审美心理的价值趋向，逐渐成为先民制造陶制器物的着眼点，成为先民改善生活质量和满足爱美之心的定向选择。并从感性的文化觉悟向理性的自觉行为发展，从没有固定形式到潜心推出文化品位。

烧制陶瓷初期，社会发展还处于人们绞尽脑汁来解决温饱问题的时期，陶瓷的功能仅局限于祭祀活动和充当日常生活的容器。伴随着社会物质财富的不断增加，人们的温饱问题不断解决，进而受教育程度日益提高，精神追求和审美观念随之提高，生产的陶瓷越来越多，陶瓷的使用价值变得并不是特别重要了，陶瓷要想从同等质量的陶瓷中脱颖而出，就必须创新陶瓷技艺，改造陶瓷的造型，在商品上附加艺术内容，提高审美价值。岁月更迭，人事流转，器形更新，纹饰多彩，符合社会审美情趣和艺术视觉的器物不时崭露，不同区域、习俗、爱好以及表达某种情趣，适用于某种场合的器物更是不断推出。

（2）造型自然，韵味独特。马克思曾经提到过："人却懂得按照任何物体的尺度来进行生产，并随时随地都能用内在固有的尺度来衡量对象；所以，人也按照美的规律来塑造。"伴随着人们审美观念的不断提升，通过不断变化陶瓷的器物的造型来获得视觉上的美感，满足自己的爱美之心。如人们追求陶瓷造型的和谐美、对称美、平衡美，这些都成为陶瓷造型的审美标准。制瓷工匠在烧制陶瓷时不单只看重它的实用功能，还要从审美的角度来塑造陶瓷的形状，做到实用与审美相统一，创造出独具特色的陶瓷造型审美文化。

陶瓷在造型上体现了一种简洁清秀的风格特征。通过对出土的古代陶瓷的分析，我们不难发现其造型大都简洁规整，朴素无华，没有过多的装饰，给人们带来的视觉是平实、自然和含蓄的，这在陶瓷上表现得十分突出。如烧制的玉壶春瓶，瓶口向外，颈部细长且腹部丰满。造型端正，从开张的口部线条开始，通过颈部然后以柔和线形而下至瓶腹而收，所以能给人带来饱满灵巧、舒放开阔的感觉，清秀别致，造型整体给人以安静平和的印象和简洁的美感。双系瓶和穿带瓶，也表现了自然含蓄之美，瓶身两侧的带孔，由双泥条并拢横贴在瓶身，目的在于汲水，方便携带。这种器型充分展现了以实用为目的的造型艺术，瓶颈较粗，瓶口平展，整个造型具有自然纯朴的气息，颇具厚重感。

各大名窑所烧瓷器"无论是造型还是纹样布局，或是底足处理，高矮、肥瘦、长短、粗细、宽窄、曲直、刚柔、虚实，其设计都符合比例、对称、均衡、对立、统一等形式美法则，且变化丰富。"

而与定窑同为宋代五大名窑之一的钧窑却表现出与定窑截然相反的造型风格，钧窑瓷器多为粗犷、雄烈的造型风格。钧窑起源于河南省禹州市，禹州因建有夏朝开国大典的钧台而得名，北宋时期，朝廷在禹州城内的钧台附近建立官窑，负责烧制朝廷御用瓷器，钧窑开始创烧。钧窑烧制的大多数瓷器中有力度，宋代钧窑玫瑰紫炉就是其中的代表，"整个形体以腹部的扩张力为主，腹部造型形体饱满有力，形成较大的体量。从肩部逐渐收缩加强收缩力，到直径最小的颈部达到最强，到口部又加强扩张。这些力度是不同的，由于主要部分占明显优势，加上口部次要的扩张，以及颈部的收缩力。从而使人感到厚重有力。"宋代钧瓷通过这种粗犷、雄烈的造型风格，展现了华夏儿女直爽豪迈的性格特征。

2. 陶瓷纹饰题材追求吉祥寓意

烧制陶瓷的工匠大多是来自民间的普通百姓，由此决定了其纹饰题材多来自日常生活中所蕴含的吉祥寓意的事物，取材于百姓所喜闻乐见的情景，极具浓重的民间色彩。陶瓷纹饰的题材多种多样，它是根据器型的需要，抓住不同题材的特征，进行变化和夸张，反映了人们的信仰与美好愿望，是符合人们使用要求和风俗习惯的。其寓意所表达的一个中心主题就是"吉祥"，这一主题传承千年，亘古不变。无论是建筑、日用器物、剪纸、刺绣、年画等，它们上面的装饰大都体现着吉祥的主题，表达了人们心中满怀希望、追求美好的心理。烧制陶瓷的工匠在这一主题的影响下，创造性地将各种植物纹、动物纹等纹饰用技艺将其转移到瓷器上，增加瓷器审美价值、美化陶瓷的同时，还蕴含了时代的精神，寄托了他们个人的情感，以表达具有福善之事、嘉庆之征的审美意蕴。

陶瓷吉祥纹饰的产生源于原始社会的先民对于生活的不安定感。陶瓷器皿最早是作为祭祀用的礼器，那时候人类社会的生产力极其低下，人们经常遭遇到物质生活资料的匮乏和种种生存困难的威胁，面对各种生存的威胁，先民对神秘莫测的自然界充满了未知，对生活在自然界中的各种飞禽走兽心存恐惧。当无法解决这些难题时，"人们则往往诉诸精神性的手段，以寻求替代性的实现和满足。这种合于目的的实用、功利，亦即善，在民间价值观念中也自然成为中心内容和价值尺度"。因此，人们塑造出带有吉祥寓意的纹饰、图案，以期来保护自己。

陶瓷的吉祥纹饰更多的用途是通过其吉祥的寓意寄托人们心中美好的愿望，使得人们获得内心的满足。随着生产力的发展，先民们逐渐有了审美意识，在长期的生产和生活实践中创造了带有象征吉祥意义图案和纹饰，他们将这些吉祥图案和纹饰雕刻在陶瓷器物上，一方面是为了欣赏，另一方面就是表达心中美好的愿望。他们深信由图案和纹饰装饰的陶瓷可以表达他们心中祈求祥瑞的美好意愿和在生活中遇到的问题、苦难都在吉祥纹饰中有所反映，并得到想象的解决。陶瓷上雕刻的婴戏纹、鱼纹和花纹，都蕴含着吉祥祈福的深刻寓意。陶瓷上雕刻的这些吉祥纹饰都是人们在日常生活中经常见到，并且与人们的生活息息相关的东西，人们希望通过这些纹饰来实现他们心中祈福吉祥的美好愿望，使他们内心得到满足。比如，白釉龟和陶瓷上雕刻的祥鹤纹，表达人们对长寿的一种渴望心理，希望能通过雕刻这样的纹饰来满足自己长寿的心愿；陶瓷上形象生动的婴戏纹、烧制的婴儿枕和送子观音像，表达了人们祈求多子多福的美好心愿，通过在陶瓷上雕刻婴戏纹满足了人们希望多子多福的心理。还有雕刻的象征着年年有余的鱼纹，一定程度上反映了人们希望生活富裕宽绰、有余有剩的心理。

第六章　陶瓷文化引入大学生思想品德教育路径探究

第一节　建立陶瓷文化教学实践基地

一、文化分类及陶瓷文化

（一）文化的概念和类型

（1）文化的概念。文化的定义很多，据统计，其定义有两百多种，历来是莫衷一是。中国社会科学院语言研究所词典编辑室编写的《现代汉语词典》中对文化的定义是："①人类在社会历史发展过程中所创造的物质财富和精神财富的总和。②考古学用语，指同一个历史时期不依分布地点为转移的遗迹、遗物的综合体。③指运用文字的能力及一般知识。"《中国传统文化十二讲》一书对文化的定义是："从广义上说，文化是指人类社会历史实践过程中所创造的物质财富和精神财富的总和；从狭义来说，文化则指社会的意识形态，以及与之相适应的制度和组织机构。"由英国马凌诺斯基著、费孝通译的《文化论》一书中对文化也做出了诠释。在该书的《文化与人的差异性》一章中写道"文化是那一群传统的器物、货品技术、思想、习惯及价值而言的，这概念实包容着及调节着一切社会科学。"

（2）文化的类型。马克思主义哲学理解的文化的类型有广义和狭义两个方面。从广义的层面，马克思、恩格斯把文化界定为文明形态，把关于文明形态的理解同关于人类社会发展的总体理解结合在一起，在这样的文化概念中，不仅有物质因素和精神因素，社会的制度因素也包含其中。

狭义的文化即社会意识，是一个相对于社会存在而言的一个概念，是社会存在在精神领域中的反映，它包括政治、思想、哲学、艺术、宗教等意识形态和风俗习惯、社会心理等。马克思在《哥达纲领批判》一书中使用了狭义的文化概念："因为孤立的劳动（假定它的物质条件是具备的）即使能创造使用价值，也既不能创造财富，又不能创造文化。"在这里文化是作为对财富的补充说明，强调的是文化的非物质性，即精神性质。

文化哲学将文化的类型划分为物质文化、精神文化和制度文化三类。物质文化包括人类的物质生产活动及其产品；制度文化包括各种社会规范和约定俗成的民风民俗。精神文化包括价值观念、审美情趣和思维方式等，具体表现为人们的愿望、情绪、理念和道德理念、政治理论以及哲学、宗教、文学、艺术等。

人们多倾向于将文化理解为狭义的文化，也就是精神层面的文化。狭义的文化指的就是社会意识形态，是对社会存在的反映。陶瓷文化就是一种精神文化，它是对社会存在的反映，是工匠在对瓷器进行造型、装饰等具体的实践活动中形成的一种文化。

（二）陶瓷文化及其特征

（1）陶瓷文化的概念。兰州大学程金诚博士在《中国陶瓷艺术论》一书中是这样来评述陶瓷文化的："陶瓷是一种最为普遍而又极为重要的文化传承的载体，陶瓷以其特殊的方式不断延展着人类前进的足迹，通过一个个、一代代的陶瓷器物，把人类的智慧和文化意蕴固化，并世代相承，这种文化历史的链条从来没有中断过。"他认为陶瓷是一种特殊的符号，这个是其他文物所不具备并且无法代表和体现的。

陶瓷文化是一种特殊的文化，它通过由科技和文艺相互结合而产生的陶瓷器物体现出来。在社会历史发展的不同阶段，陶瓷的烧制技艺、器物造型与装饰纹样各有差异，但是它们在一定程度上反映了当时社会的科学技术水平，展现了当时人们的美学观念和文化心理特征，体现了人们的聪明才智和创造精神。因此，所谓的陶瓷文化是指在陶瓷烧制的过程中所表现出来的工艺文化、审美文化，同时表现大众情感、心理、观念、习俗等精神文化的这样一种独特的传统文化。

（2）陶瓷文化的特征。首先，陶瓷文化具有抽象性。陶瓷作为文化的载体，在一定程度上体现了当时人们的审美观念。其中也蕴含着一些人文思想，表现了人们心中的美好意愿，如和谐思想、吉祥思想等。陶瓷中蕴含的这些思想就是抽象的陶瓷文化，它脱离了陶瓷这一具体的物质形态而存在。

其次，陶瓷文化是实用与审美的统一。陶瓷最初是作为一种容器出现的，随着农业经济的发展，人们由逐水草而居改为定居生活，食物和水的储藏，都需要这样一个容器，陶器就随之大量地出现了。随着制瓷技术的日益进步和人们审美水平的不断提高，陶瓷的欣赏价值逐步得到了体现。烧制的陶瓷在满足人们物质生活需要的同时还要满足人们的精神生活需要。

再次，陶瓷文化具有开放性。陶瓷文化不是故步自封、一成不变的，它是在发展过程中，吸收外来文化，丰富和发展自己。从陶瓷的装饰图案上我们就不难发现，在陶瓷发展过程中它不断地从自然界中、从历史故事和民间故事中获得所需的题材；同时，陶瓷还以图画作为装饰，其图画大部分为中国的山水画，同时还借鉴了西洋画和民间剪纸等作为装饰。

最后，陶瓷文化具有时代性特征。陶瓷既是人们生产生活的物质器物，又是重要的文化载体，其承载的文化信息随着时代的发展、社会的进步以及人们的审美观念的提升而不断变化。从中国古代陶瓷的发展历史上，可以看到秦汉人的豪放，隋唐人的雄阔，宋人的儒雅，金人的放浪，元人的粗犷。这些无不在其各历史发展阶段中，闪烁着自身时代的光芒。

二、文化育人的要素、机理及实施条件

作为一种具体的思想政治教育实践，文化育人有育人主体、育人客体、育人媒介和育人环境四个基本要素，它们相辅相成、密切配合，共同构成相对稳定的要素结构；文化育人具有自身内在的运行机制，实际上文化育人的过程就是文化价值客体主体化的过程，实现文化价值客体主体化具有其内在机制。文化对人具有天然的影响，要充分发挥其育人功能，有效实施文化育人，需要从根本上满足一些基本条件。

（一）文化育人的基本要素

任何一个事物存在都有其自身的构成要素。"文化育人"作为思想政治教育实践活动，也有其基本构成要素，即育人主体要素——教育者，育人客体要素——大学生，育人媒介要素——文化载体，育人环境要素——以先进文化为主导的文化环境，这四个要素都是"文化育人"得以发生和实现的关键性因素，缺少它们中任何一个，思想政治教育意义上的文化育人都无从实现，并且每一个要素都不能孤立地存在，独自实现文化育人，而是四个要素相辅相成、密切配合。

1. 育人主体要素——教育者

教育者是组织实施文化育人实践的主体，是文化育人的一个基本构成要素。文化育人主体，是指以思想政治教育为目的，通过文化手段进行育人的主动行为者，这一主动行为者，统称为教育者。教育者既可以是具有主动教育功

能的组织，也可以是教育组织中的个人或者由多人组成的群体。本文讨论的文化育人的施教主体是文化育人实践活动的真正设计者和组织者——人，即高校教师和从事教育教学管理的管理者。

教育者在文化育人过程中的根本职能就是价值引导，即"以社会的要求为准绳，科学地影响教育对象，不断把教育对象的思想政治品德提升到社会需要的水平"。具体体现在三个方面，即按育人计划，组织、设计和实施文化育人活动，采取多样化的方式方法调动和发挥教育对象的主体能动性，本着价值主导原则引导教育对象思想品德向社会要求的方向发展。由于教育者在文化育人过程中的根本职能是思想政治教育，在他们身上具有共同的职业特点，最为突出地体现在如下几个方面。

第一，充满社会主义文化自信。习近平2016年5月在哲学社会科学座谈会上的讲话中指出，坚定中国特色社会主义道路自信、理论自信、制度自信，说到底是坚定文化自信，文化自信是更基本、更深沉、更持久的力量。文化自信是根植于人内心的一种信念，是对自己国家、民族创造的文化价值的一种认同和肯定。中华民族要繁荣振兴，需要有高度的社会主义文化认同与文化自信。教育作为社会主义文化自信生成的源头活水，教育者从中承担重要角色，发挥重要作用。他们是文化自信的引领者，要给学生一杯水，自己要有一桶水，在引导学生树立社会主义文化自信之前，自己首先要让自己一往情深地融于中华民族优秀传统文化，满腔热情地投身于社会主义伟大建设实践之中，成为充满社会主义文化自信之人，这是职业角色使然，也是职业责任使然。

第二，具有传播社会主义先进文化的自觉。习近平2013年在全国宣传思想工作会议上提出要"讲好中国故事，传播好中国声音"，这是对宣传工作者的要求，也是对教育工作者的要求。讲好中国故事、传播好中国声音是高校教育工作者的一项重要使命，他们不仅要成为充满社会主义文化自信之人，还要成为自觉传播社会主义先进文化之人。当代大学生成长于全球化和社会改革开放时期，没有经历过革命战争的洗礼，没有品尝过社会主义建设与发展的艰辛，对中国博大精深的文化也很难有深刻的理解和把握。这就需要教育者要主动宣传社会主义核心价值观、弘扬中华民族优秀传统文化，澄清模糊认识，以增强大学生对中华民族文化的认同。在文化育人实践中，教育者都能牢记使命，自觉传播社会主义先进文化。

第三，具有文化价值主导性。一个学校能否为社会主义现代化建设培养出合格人才"关键在教师"，具体讲在教师的文化价值主导性，即教师"在思想政治教育实施过程中发挥其主导作用方面表现出来的积极属性"。同样，在文化育人过程中，教育者也具有文化价值主导性。随着文化全球化和改革开放的不断深入，社会上各种思潮林立，中西方文化价值相互交锋、渗透，人们的价值观念朝多元化方向发展。在这一社会背景下，中国文化要健康发展，必须坚持一元主导与多样发展相结合。一元主导体现在文化育人上，就是用社会主义先进文化为学生成长成才提供正确方向和精神动力，落实好"立德树人"根本。

在育人过程中，教育者是教育计划的执行者、教育活动的设计者和组织者，他们按照一定的教育计划，设计文化育人活动，并将思想政治教育信息融入育人活动之中，通过文化渗透的方式影响教育对象的思想价值观念，引导其朝着国家主导文化方向发展。从学生角度看，他们作为受教育者，正处于价值观形成的重要时期，思想观念尚未完全发展成熟，思想行为尚不稳定，对文化价值的领悟力、判断力等都有一定的局限性，面对复杂的社会现象和良莠不齐的多样化价值观念，他们很难做出精准的判断和正确的文化选择，需要教育者根据其身心发展水平进行有针对性的教育和引导。因此，在文化育人过程中，教育者自始至终体现出文化价值的主导性。

教育者是文化育人活动的发起者和主导者，没有教育者，文化育人就没有了施动者，也就不是基于思想政治教育目的而实施的文化育人。因此，教育者在文化育人基本构成要素中不可或缺。

2. 育人客体要素——大学生

思想政治教育活动的对象都是其教育客体。主要有两种，一是指人客体；二是指物客体，如教育的内容、工具、方法、资源等。进行思想政治教育的最终目的是培养人、塑造人。本文中主要探讨思想政治教育的人客体，即高校文化育人的对象——大学生。

大学生在文化育人过程中是教育对象，其主要任务就是接受主体引导，学习、适应和内化，不断提高自身素质，同时积极调动自身的"主体性"因素，在文化育人过程中，充分表现出自身的特性，参与并影响育人过程。大学生与教育者之间的关系建立在平等和相互尊重的基础之上，即"主体尊重客体的特点和接受教育的规律，……客体尊重主体的引导。"在这一过程中，大学生不断地自我完善。

大学生正处在青春时期，是价值观形成的关键阶段，在这一阶段他们表现出鲜明的特点。

第一，大学生具有鲜明的主体性。大学生的主体性，主要是指在文化育人过程中，大学生对教育者传递的社会主义先进文化价值理念能够独立地做出判断和选择，主动接受先进文化的积极影响，自觉进行内化并积极调节行为，将自己的文化价值理念落实到行为实践，并在实践过程中不断完善自身品德。实际上教育者传递的任何思想政治教育信息和文化价值观念，都是外部的客体，只有通过主体的吸收内化并外化行为实践，文化育人才收到应有的实效。如果没有主体的自觉参与，任何教育都等于零。从这个意义上讲，大学生的主体性是一种"自觉能动性"，是"接受教育的主体性"。

第二，具有极强的可塑性。"科学教育之父"赫尔巴特在其著作《普通教育学》中明确提出人具有"可塑性"。所谓可塑性是指"思想政治教育对象的思想品德是可以经由环境的影响和教育者的作用加以塑造的"，即教育对象的思想行为通过教育能够向符合社会要求的方向发展。人的思想文化观念和道德品质不是自发形成的，而是在一定的文化环境影响和思想政治教育作用下，在社会文化生活实践中逐渐形成并不断发展的。可塑性强调的就是"人性的生成性、交互性、可教化性和内在主动性"。教育对象的可塑性是教育者实施文化育人的基本前提和内在依据。

大学生正处在各种心理活动异常活跃、急剧变化的年龄阶段，认识容易偏执，情绪容易走极端，意识有时执拗，且容易受外界的影响，存在着明显的不稳定、可塑性大的特点。大学生在文化育人中的可塑性，主要涉及思想文化认知方面的可塑性、文化价值判断与选择能力的可塑性、文化道德内化与外化转化能力的可塑性、文化道德实践能力的可塑性等。

文化育人是教育者有目的、有组织、有计划实施的育人活动，在教化人、塑造人方面具有非常突出的作用。实施文化育人，要坚持以学生发展为本，充分关注大学生的主体性和可塑性，尊重学生成长规律，对大学生的文化思想与品德塑造施加有益的影响，促使大学生全面提升自身的综合素质。

3. 育人环境要素——以先进文化为主导的文化环境

环境是人格形成的必要条件。任何教育的发生都离不开环境的影响。文化以思想政治教育文化环境的形式存在。作为人类实践的产物，文化具有属人性，与人密不可分，文化就像空气一样时时包围在人们的周围，构成人类社会生活的环境，即文化环境。文化环境是影响人素质生成的重要因素。它由"一定的价值观念、日常伦理、道德规范、行为方式、宗教信仰、审美观念及生活风俗等内容构成"，对人们的思想观念、趣味、需求、情感、行为等产生潜移默化的影响，也直接影响着人们思想道德素质的发展。它是"以无形的意识、无形的观念，深刻影响着有形的存在、有形的现实，深刻作用于经济社会发展和人们生产生活。"

马克思的教育环境理论认为 "人创造环境，同样环境也创造人"。思想政治教育是社会文化 "大系统" 中的一个 "子系统"，它离不开社会文化环境的影响。思想政治教育文化环境由文化要素构成，是影响人的思想、行为和思想政治教育活动的外部因素的总和，它强调文化环境的整体性。积极健康的文化环境不仅能够促进人在各方面的发展，还能促进育人活动的有效运行。

先进文化具有重要的育人价值，是育人不可或缺的文化资源，在文化育人中，教育者无论基于下列哪种考虑，都必然要有目的地选择和构建以先进文化为主导的文化环境。

一般而言，处于 "高势位" 的文化都是先进文化。任何先进文化，都一定是 "站在时代前列、合乎历史潮流……代表最广大人民群众利益的文化"。中国特色社会主义文化是代表我国文化发展方向的先进文化。它存在于社会文化生活各个领域，以精神品质、价值观念、理想情操等精神文化资源而存在，集中体现为社会主义核心价值观。

从育人的角度讲，先进文化与文化主体 "人" 之间存在的文化势能差异也是文化育人得以发生的基本前提。先进文化所蕴含的文化价值上的 "高势能"，实际上就是它所具有的思想政治教育资源，要有效地进行文化育人，必须充分利用好社会主义先进文化的资源优势，以及它与文化主体 "人" 之间的 "势位" 差。

（二）文化育人的内在机制

文化育人作为一个文化价值的客体主体化过程，实现文化价值客体主体化的内在机制主要有人化与化人互动机制、文化认同机制、文化内化与外化机制、感染与模仿机制。主要表现在：其一，文化是在 "人化" 与 "化人" 的双向历程中生成的结果。其二，个体思想的形成是文化认同机制发生作用的结果。其三，文化育人强调文化知识内化为个体自身的思想、情感及行动中的文化自觉。其四，模仿与感染相伴而生，受教育者在一定文化情境感染下会做出一种类似反应性行为。二者都是文化育人实践中的重要教育机制。

1. 人化与化人互动机制

从文化生成的基础看，文化总是以人的主体性实践为基础，是人依照自己的目的和意愿 "向文而化"（即 "人化"）。离开文化主体人的 "向文而化"，文化便失去了可以生成的基础。人 "向文而化" 有两个向度：一是向外扩张，即按照"人"的发展需要和理想不断改变人的外部世界，使外部世界"人化"。二是向内完善，即按照"人"的发展需要和理想不断提升和完善自我，实现人自身的"人化"。其中，人自身的"人化"离不开文化的参与。无论是因为人作为一种历史性的文化存在，还是因为人作为世界不可分割的一个重要组成部分，人的提升与完善都离不开外部世界文化的孕育和影响，都要经历文化"化人"的历程。正如舒扬教授所言，"文化像人的血脉一样，贯穿在特定时代、特定民族、特定地域的总体性文明的各个层面中，以'自发的''内在的'方式左右着人类的生存活动"。从这个意义上讲，"人化"与"化人"共同构成文化生成的基础，二者均不可或缺。

从文化生成的历程看，文化是在"人化"与"化人"的双向历程中生成的。人创造文化，文化也塑造人。人与文化是一种双向构建的关系，这种关系主要体现在两个方面。一方面，是人向文而化，简称"人化"，即人通过社会实践，将外部世界对象化，创造出丰富多彩的文化。人将外部世界对象化的过程，实际上就是人"向文而化"的过程。人在向文而化的过程中创造文化，发展文化。另一方面，是文化"化人"，即人在外部世界文化的孕育下不断发展、提升。在文化化人的过程中，看似没有直接创造新的文化，但是促进了新的文化主体的生成，为进一步的文化创新发展奠定了基础。从这个意义上讲，文化生成于"人化"与"化人"的双向历程中，是人与文化相互构建的结果。

文化生成的内在机制体现在"人化"与"化人"的互动过程之中，这一互动过程就是"人类文化的原初生成和当代生成的共同规律"。"人化"与"化人"，作为文化生成的双向历程，二者彼此交融、循环往复、互生互动，文化就是在二者之间永不停息地双向互动中不断地生成着、发展着。

2. 文化认同机制

文化育人强调以文化人，强调文化知识内化为个体自身的思想、情感及行动中的文化自觉。在这一过程中，起至关重要作用的是主体的文化认同。所谓认同，是指个体人对个体之外的社会意识的价值和意义在认知和情感上的趋同，并促使个体自觉行为的一种心理倾向。认同可有多种指向，如民族认同、国家认同、文化认同等，其中，文化认同是最深沉、最持久的力量，处于最核心的地位。文化认同是指对一个群体、一个民族、一个国家文化身份的认同感，它是一种肯定的文化价值判断，"文化认同中的文化理念、思维模式和行为规范，都体现着一定的价值取向和价值观"。文化认同，对个体人而言，是个体人进行文化内化并形成自身文化价值观的重要前提；对于国家和民族而言，"是增强民族凝聚力的精神纽带，是民族共同体生命延续的精神基因"。

文化认同在"先进文化"和受教育主体——"人"之间扮演着非常重要的角色，它是文化价值由"先进文化"客体向文体主体"人"转移的中转站，是实现文化价值"客体主体化"的必要条件，也是文化育人功能得以实现的前提和基础。

文化认同分为外显认同和内隐认同。二者之间的关系，既相对独立，又紧密联系、相互促进。外显认同能够促进内隐认同的发展，内隐认同反之又能促进外显认同的发展。一般而言，文化在人的心理内化过程中，是遵循从外显认同到内隐认同的秩序构建的。作为文化内化的前提，文化认同是个体思想形成的重要基础。

文化认同机制蕴含于个体对文化的外显认同和内隐认同过程之中。外显认同是个体对一种文化价值的明确认定与选择，它是个体态度转变中一个至关重要的环节。按照社会心理学的观点，个体态度的转变分为"服从""认同""内化"三个阶段。其中，"服从"是迫于外在压力或权威而表现出来的短暂性顺从。服从并不意味着认同，它只是表面上的顺从并且很容易改变。"服从"是个体在外部压力下对"你要我怎样做"的一种形式上配合。"认同"是"服从"的进一步深化，表示个体不再是被动地服从，而是从内心开始主动地认可和接受一种文化价值，体现出个体自我的价值判断和价值选择，但这种价值判断和选择只是发生在思想观念层面，还没有成为自己的行为习惯，也较易因外界影响而发生变化。"认同"为"内化"奠定了基础，使"内化"具有了发生的可能。"内化"是认同的进一步深化，是个体对某种文化价值认同的固化性结果。所谓固化性，主要是指一种文化价值经个体内化之后，转化为个体相对稳定的行为、信念，并在实践中以持续一致的方式得以显现，表现为个体相对固定的思想行为习惯。"内化"是个体心理态度转变的最终体现，它不再是"你要我怎样做""我接受你的观点"，而是"我要怎样做"，是个体主体性的体现。

总之，个体态度转变的过程，是一个从"你要我怎样做"向"我要怎样做"转变的过程，是一个由被动服从向主动践行转变的过程。在这一过程中，外显认同强调个体明确而自主的价值判断和选择，强调对社会主导文化价值观念的积极认同。它是个体态度转变的关键性环节，既为改变个体被动"服从"的状态提供了心理基础，也为接下来的文化"内化"提供了心理上的驱动力，并使三个环节由前至后逐步深化，有效承接，形成联动，在促进个体态度转变的过程中发挥着至关重要的机制性作用。

3.文化内化与外化机制

人的文化价值观不是与生俱来，而是在后天的学习生活中逐渐习得的，它有一个文化内化与外化的过程。文化育人作为一种思想政治教育实践，其受教育者对文化的习得也有一个过程。其中，文化内化与外化是不可或缺的两个基本环节。

第一，文化育人的过程实质上是文化的思想政治教育价值"客体主体化"的过程。文化育人的核心目的是利用文化的思想政治教育功能培养人、塑造人，重在追求文化的思想政治教育功能的实现。这一功能实现的过程，实际上就是文化价值的"客体作用于主体，对主体产生实际的效应，这个过程是主客体相互作用中的客体主体化过程。"它不是价值从无到有的过程，而是从"可能"到"实现"、从"潜"到"显"、从"客体"到"主体"的过程，归根结底是文化价值客体主体化的过程。

第二，文化内化与外化是文化价值客体主体化过程的两个基本环节。文化育人中文化价值"客体主体化"的过程，不是简单的客体作用于主体的过程，而是主客体相互作用的过程。这一过程由文化内化与文化外化两个基本环节构成，是一个从文化内化，到文化外化、再到更高层次的文化内化和文化外化的周而复始的发展过程。文化内化，是文化中所蕴含的思想政治教育相关的思想、认识、政治、道德等内容，为受教育个体所接受，并转化为个体相对稳定的思想价值认知、情感、信念等内在意识的过程。文化外化是受教育个体将内化形成的思想价值意识和动机转化为外在的思想品德行为，并养成良好行为习惯的过程。

第三，文化内化与外化二者辩证统一，关系十分密切。其一，二者是内在统一的。它们都以思想政治教育实践活动为基础，以良好的育人实效（即塑造人的良好素质，使人养成良好的行为习惯）为目的。其二，二者是相互依存、互为条件的。文化内化是文化价值输入，即将外在的文化思想意识转化为个体内在的文化思想意识，使人形成新的思想，它是文化外化得以发生的前提和基础。而文化外化是文化价值输出，即将个体的文化思想及动机转变为外在的文化行为，使人产生新的行为，它是文化内化成果的外在体现，是内化的目的和归宿。没有外化，内化也就失去了存在的意义。其三，内化与外化之间是相互渗透、相互贯通的。在内化过程中，思想认识离不开行为实践，在外化过程中，行为实践也离不开思想认识的驱动和指导。二者之间不是凝固僵死的，在一定条件下互融互动、相互贯通、相互转化。

4.感染与模仿机制

在文化育人实践中，教育者不明言施教，而是借助于各种文化实践活动，间接地传递思想政治教育信息，感染教化受教育者。文化育人强调利用先进文化育人，而先进文化不是独立、抽象地存在的，它总是以丰富多样的形式具体地存在于某些特定的文化载体之中，融于个体所处的文化环境之中。个体对先进文化的感知和接受也多是发生在某些特定的文化情境之中，是在特定文化情境中受到文化熏陶和感染的结果。

感染是个体对特定文化情境中的思想政治教育信息自觉地产生共鸣，并受到心灵上的洗礼与触动，其实质上是一种情绪、情感及认识上的交流和传递。感染是教育者通过一定的文化情境来影响受教育者的方式，它作为一种教育教化机制，在文化育人实践中发挥着重要的作用。通过感染的教育机制，教育者能够"通过某种方式引起受教育者相同的、符合思想政治教育要求的情感、认识和行动"，受教育者能够"无意识、不自觉地接受一定的思想政治教育施教"。

教育者运用感染机制的目的是要使受教育者的思想认识得到提升，行动得到优化。而这一目的的实现，还需要受教育者能动地参与。模仿是人类社会学习的重要形式，是受教育者接受"感染"刺激所做出的一种类似反应的行为方式。"模仿"与"感染"相伴而生，二者都是文化育人实践中的重要教育机制。

（三）实施文化育人的条件

文化有先进文化与落后文化之分，文化对人的影响也根据其是否具有先进性而分为正面的或负面的影响。尽管文化对人的影响是一种必然的客观存在，但文化育人中的"育"具有鲜明的价值指向性，是指文化教化人、培育人，特指文化对人的积极影响。只有当文化对人产生正面的积极影响时，文化对人的作用才称之为育人作用。而实施文化育人，核心目标在"立德树人"，更不能任凭文化自发、自在地影响于人，也不能脱离一定社会历史条件下人与社会文化的发展实际去育人。从总体上看，实施文化育人对社会文化的发展、对文化主体的精神文化需要、对思想政治教育自身的发展都是有一定的条件要求的。在当今文化大繁荣大发展的文化强国时代，人与社会的现代化发展基本上能够满足文化育人的条件要求，主要体现在社会文化的发展与成熟、人对精神文化的需求的提升、思想政治教育的人文精神凸显。

随着社会主义先进文化思想体系的不断丰富与完善，中国共产党同时也领导人民开展了大量的社会主义先进文化建设实践，如在"三个面向"原则指导下建设社会主义精神文明、发展社会主义先进文化、构建社会主义核心价值体系、培育社会主义核心价值观等，有力地促进了中国先进文化的发展。其中，培育和践行社会主义核心价值观在当代中国文化建设中居于首要地位。习近平指出我们要"把培育和弘扬社会主义核心价值观作为凝魂聚气、强基固本的基础工程"，要"把社会主义核心价值观贯穿于社会生活方方面面"，"要弘扬社会主义核心价值观，不断增强全党全国各族人民的精神力量"，"要坚定道路自信、理论自信、制度自信、文化自信"等，这些都充分表明当代中国先进文化的发展已经走向成熟。

在当代中国，从本质上讲，文化育人就是以社会主义先进文化影响人、塑造人和提升人，它更强调发挥社会主义先进文化的意识形态功能。中国先进文化发展得越成熟，它所具有的文化势能就越高，所具有的文化引导力就越强，它的意识形态功能也越容易得到发挥。从这个意义上讲，社会主义先进文化自身的发展与成熟是文化育人必要的前提条件。

当代中国人的精神文化需求有所提升。随着我国人民物质生活水平的不断提高，以及人们物质需求的不断发展和满足，人们对精神文化生活也有了更多更高的追求，精神文化需求在人们生活中的地位日益凸显。人们开始高度重视自身的精神文化生活品质，求知求美求乐的愿望十分迫切，精神文化需求也空前强烈。目前我国已经进入消费需求转型、文化消费加速增长、文化消费结构优化、文化需求呈多元化发展的阶段。

人对精神文化需求的提升，作为人的文化主体性发展的一个重要标志，是文化育人中不可或缺的人的能动性的体现，是实施文化育人的一个必要条件，而且人的精神文化需求层次越高，越有利于文化育人的有效实施。

在人们精神文化生活需要不断增强的当今时代，我们要"彰显思想政治教育的文化性，提升思想政治教育的文化品位"，进而促进思想政治教育人文价值的实现。这无论是对国家、社会还是个人都具有重要的现实意义。从宏观上看，思想政治教育人文价值的实现，有利于国家和民族精神的培育，有利于民族文化素质的提升和文化品格的塑造，也有利于为社会提供一种正确的精神价值导向。从微观上看，实现思想政治教育的人文价值，既有利于受教育个体人文精神的培育，也有利于促进人的健康全面发展，形成优良的品格、高尚的情操、坚强的意志、独立的精神、博爱的情怀。总之，思想政治教育的人文价值的实现，既有利于人与社会的发展，也有利于思想政治教育自身的发展。

总之，在文化强国时代，思想政治教育要体现它的育人价值，并长久保持育人活力,必须要坚持以人为本,对人施以深切的人文关怀。当前,思想政治教育的文化性不断增强,在育人实践中不断凸显人文精神,为文化育人提供了必要的条件。

第二节　开展陶瓷文化教育普及活动

一、陶瓷是记录人类思想文化的物质载体

(一)相关概念解读

(1)陶瓷。它是"山黏土或主要含黏土(尚有长石、石英等)的混合物,经成形、干燥、烧制而成的制品的总称。包括陶器、瓷器、炻器等"。

(2)陶瓷文化。正如文化的定义一样,陶瓷文化的界定也是观点各异,要给陶瓷文化下一个各方面都接受的含义,实属不易。陶瓷文化是属于文化的一种,具备文化的基本性质。为了研究的需要,我们结合文化的内涵,可以这样理解"陶瓷文化",它是人们在研究陶瓷创制的整个过程中,产生的与自然界和人类社会的各方面关系成果的总和。它由三个方面构成:(1)物质文化形态,指研究陶瓷创制过程中产生的直观的物质成果,包括陶瓷器物、陶瓷窑具、陶瓷作坊、陶瓷原料等。(2)陶瓷制度文化,指保障陶瓷创制顺利进行的行为规范、制度等。包括陶瓷习俗、陶瓷行业神崇拜、法律、制度等都属这一类。(3)精神文化形态,围绕陶瓷创制过程中产生的对人对事的态度观念,包括伦理观念、审美意识和哲学思想等。

(二)陶瓷是适宜记录人类思想文化的物质载体

陶瓷因本身材质具有的防腐蚀、宜保存的特性,记录了古代许多文字所不能记载的内容,把久远的历史文化遗迹保留下来,为后人提供了翔实而可靠的形象资料,所以陶瓷是研究思想文化发展中不可缺少的部分。

伴随着历史进程的发展,每个历史时期的陶瓷深深记录着那个时代的文化烙印,各个地域、各个时期的文化差异又引导陶瓷的发展变化,而陶瓷的发展变化又体现出不同时代或不同民族文化的风格。陶瓷记录人类思想文化的范围是相当广泛的,它优美的造型、绚丽的纹饰和斑斓的色彩,无不唤起人们精神世界的寄托和追求。

二、陶瓷形成思想政治教育物质载体的条件和基础

（一）陶瓷形成思想政治教育物质载体的内涵、特征及意义

陶瓷形成思想政治教育物质载体，我们可称为"思想政治教育陶瓷载体"，它是思想政治教行物质载体的一种，是通过陶瓷领域内的实践活动，把主观的思想政治教育内容物化为客观的物质结果，从而达到主观内在的客观结果的内在统一的一种物质存在形式。和"抗震精神""两弹一星精神"一样是按实践活动涉及的范围所做的一种载体区分。

思想政治教育陶瓷载体和革命文物、革命纪念地等典型思想政治教行物质载体相比，既有共性特征也有自己的特殊性。共性特征是它们都是人造物，都是通过人类实践把主观的思想政治教育内容物化为客观的物质结果，从而达到主观内化与客观结果的内在统一的一种物质存在形式，都具有思想政治教育物质载体的一般特征，能承载和传递思想政治教育信息。特殊性主要在两个方面：第一，陶瓷虽有悠久的历史，但革命历史缺乏整理发掘，其背后的思想政治教育信息几乎不为人所知。第二，思想政治教育陶瓷载体承传的思想政治教存信息不像革命载体那样典型突出。革命载体承载的思想政治教育信息集中、典型，又经过后人的发掘整理，不断宣传，已广为人知。

从现有资料看，思想政治教育陶瓷载体和这些典型载体相比，其承载的思想政治教育信息确属一般，但思想政治教育物质载体都是人为实践的产物，一般载体通过典型思想的承载有建成典型载体的潜力，"孟泰仓库""王进喜棉袄"也是通过一般载体的不断累积而成的典型仓库和铁人棉袄。没有承载典型思想的思想政治教育陶瓷载体虽难以发挥示范引导的作用，但可以通过承载思想政治教育信息的实践，在建设中锻炼自己培养出陶瓷领域的雷锋、孟泰，发挥教育作用。如果提到思想政治教育物质载体建设，很多人就联想到它是英雄人物的代表，像朱德的扁担、赵一曼的大碗以及雷锋的汽车等，我们普通人似乎无缘企及，这种观念不但排斥了思想政治教存的广大受众，也影响了思想政治教育物质载体的可持续发展，只能守着老祖宗留下的那点"遗产"开发，这种缺少时代气息的载体也失去了吸引人的教育优势。

陶瓷是中国优秀传统文化的代表，和民众生活息息相关，有很强的亲和力和民族认同感，进行思想政治教有陶瓷载体建设，对增强隐性教育效果，鼓励人人参与，具有普遍性的教育意义，也有助于实现思想政治教育"三贴近"的要求。

（二）陶瓷具有形成思想政治教育物质载体的条件

1.基本条件：陶瓷是人类思想的物化，陶瓷创制具有育人意义

陶瓷本身是承载和传递思想的统一，是人类思想的物化。陶瓷的发明，反映了人类的生活要求。"具体地说，陶瓮或陶罐可以储藏粮食，陶壶或陶瓶可以盛水搬运，陶瓷、鬲、鼎可做炊具，陶碗或钵可做食具，陶刀可收割谷物等"。陶瓷创制，是人类按照自己的意志，利用天然物创造出来的一种满足人类需要的劳动产品，既可满足人们物质实用的需要，也能满足人们的精神需求。像元朝创制的"卵白釉"，是一种高温下烧成的白色瓷釉，因酷似鸭蛋壳白中泛青的色调，故名"卵白"。"卵白釉"的烧制除了需高超的制瓷技术外，还与元朝时期"国俗尚白，以白为吉"的风俗不无关系；另外民间陶瓷装饰大多取材一些"民谚"或是"俗语"，如"众中无语，无事早归""有客问浮世，无言指落花"告诫人们乱世不要妄语，以免招灾惹祸等。陶瓷既有物质属性，又有精神内涵，承载着满足人民物质生活需要的初衷，其造型和装饰传递着人们的精神寄托与追求。所以，陶瓷并非一种简单的生活器物，是物质文明与精神文明的结晶，有着丰富的思想内涵。

陶瓷提高了人类生活的质量意识，为人类由生食向熟食的转变提供条件，改变了人类生活方式，增强了人类体质，丰富了人类的精神生活，使人不断地非自然化。自然化人使人们在长期的陶器制作基础上，又实践出瓷器的制作方法，扩大了陶瓷生产的领域，丰富了陶瓷的思想内涵。在陶瓷生产中，再生产着文化的人和人的文化。马克思指出："在再生产的行为本身中，不但客观条件改变着……而且生产者也改变着，锻炼出新的品质，通过生产而发展和改造着自身，造成新的力量和新的观念，造成新的交往方式，新的需要和新的语言。"陶瓷的创制是人化自然与自然化人的统一，是人类文明的重要标志，是人类发展史上一个极其重要的里程碑。

2.特殊条件：景德镇陶瓷文化具有丰富的思想政治教育资源

景德镇是世界上唯一以单一传统手工业著称的城市，制瓷历史悠久，是闻名世界的千年瓷都，是我国首批公布的国家历史文化名城。高度的瓷业成就必有高雅的文化内涵支撑，如今景德镇还遗存了大量的古瓷、古窑、古建和浩如烟海的遗闻、逸事、瓷业习俗等，它们生动地再现景德镇陶瓷的发展历程，是历代陶工的道德审美和人文精神的结晶，其中不乏许多思想积极上进的高雅内涵，正是它们支撑着景德镇陶瓷历经千年而长盛不衰。

景德镇陶瓷千年传承离不开历代陶瓷人恪尽职守、精益求精的工作态度，据

说师主赵慨生于西晋，他熟知闽浙烧窑术，并将此技术与景德镇制瓷技术相结合，为景德镇瓷业的发展做出了贡献，被后人尊奉为师主，建庙供奉以示尊敬与崇拜。唐代浮梁县人陶玉所制瓷器"土惟白壤，体稍薄，色素润"有"假玉器"之称。武德年间所烧瓷器入贡朝廷，于是"昌南瓷名天下。月万历年间吴十九一生制瓷，制作出许多精品，名扬天下，但他不唯利，和普通陶工一样生活简朴，兢兢业业。正是这些历代陶工的敬业精神促进了景德镇瓷业的发展，清代龚钺作《陶歌》赞曰"武德年称假玉瓷，即今真玉未为奇；寻常工作经千指，物力艰难那得知。"历代景德镇制瓷巧匠的高尚品质、动人事迹，折射出爱岗敬业的时代精神。

　　陶瓷文化中创新精神的弘扬。景德镇陶瓷的长盛不衰离不开陶瓷原料的改进、装饰的变革以及烧制技术的提高，这些过程体现出陶瓷创新精神。窑炉在陶瓷制作过程中具有重要地位。换言之，窑炉结构和烧造技术决定着陶瓷的品质。最初的陶器烧制是没有专门的窑炉设备，是利用现成的山洞，或者挖掘洞穴进行陶器烧制，陶器烧制从无窑到有窑是一个巨大的进步。窑炉的结构不同影响窑火的温度以及陶瓷的烧制成果升焰式窑炉的温度、气氛都不具备烧成瓷器的条件，只适合烧制陶器。后经过陶瓷实践的发展，技艺的不断创新，窑炉从升焰式发展到半倒焰式和平焰式，窑炉结构的逐步完善，提高了烧成温度和烧成气氛的掌握，促成了汉代瓷器的烧成。馒头窑属半倒焰式、龙窑属平焰式，半倒焰式窑炉既可烧陶也可烧瓷。窑炉的革新只是从陶到瓷漫长转变过程中的一个缩影，景德镇陶瓷的漫长发展道路无不伴随着永无止境的陶瓷工艺创新。创烧于清康熙年间的"瓷胎画珐琅"，后人也称"珐琅彩"，就是在金属胎珐琅器试制成功的基础上，在玻璃胎、紫砂胎和瓷胎上不断探索画珐琅烧制技术的应用，经多年试制，于康熙晚期画珐琅技法才在瓷胎上移植成功，但只是对铜胎画珐琅彩绘工艺的直接移植，还难以解决珐琅料在瓷釉上的附着的问题。

　　陶瓷文化中开放精神的弘扬。陶瓷在发展和创作过程中不断吸收外来文化的精华，尤其在陶瓷装饰原料、陶瓷装饰图案革新方面。景德镇陶瓷也是在对世界优秀文化兼收并蓄的过程中得到不断发展，比如我们熟知的莲花陶瓷纹饰就是受佛教的影响而流行。莲花在佛教中是一种圣洁物，佛教自东汉传入我国，由于得到统治阶级的推崇而盛行，众多佛教题材也相应地进入到工艺领域，影响装饰艺术，莲花、莲实、莲瓣纹饰自东汉起成为陶瓷装饰的主要题材。随着海外贸易的繁荣，景德镇陶瓷的发展获得国外物质技艺的借鉴和帮助。"明初永乐、宣德时期的育花瓷器，相传就是用进口的青料，即苏麻离青，而且这一时期在造型和装饰图案上，也都反映接受了外来的影响。"随着海外贸易的发展，中西文化的不断交流刺激和促进了中国陶瓷的发展,如中国陶瓷业所谓的"洋彩",即是指以西洋画面为装饰的彩绘瓷,其画笔也多用西洋画法。"珐琅彩"的创制技艺是康熙帝借助法国传教士陈忠信,将里摩居的画珐琅技术引入中国后,经不断研制获得成功。被称为中国陶瓷传统装饰之一的粉彩,就是在清代康熙五彩的基础上受珐琅彩的直接影响下创制的釉上彩新品种。中西文化交流,取长补短、兼收并蓄才使得景德镇陶瓷长盛不衰。

景德镇有千年制瓷历史,孕育了丰富的陶瓷文化,它们与陶瓷人的生活息息相关,是人们思想观念、审美心理、生活情趣的凝聚与结晶,也是我们思想政治教存的宝贵资源。"思想政治教育资源是指在思想政治教育活动中,能够被教存者开发利用的,有利于实现思想政治教育目的的各种要素的总和"这些资源需经过教有者的合理开发后才能发挥其应有的教育作用。

(三)陶瓷具有形成思想政治教育物质载体的基础

陶瓷的发明本身就承载着满足人类需要的思想动力。原始社会的陶器造型,就以适用生活需要为目的的,主要有装水的壶、盛食的鼎、贮藏的盆和洗涤的盆等,这些造型设计,承载着方便人们生活的实用思想。"古代半坡人在许多陶盆上都画有鱼纹和网纹图案,这应与当时的图腾崇拜和经济生活有关。半坡人在河谷阶地营建聚落,过着以农业生产为主的定居生活,兼营采集和渔猎,这种纹饰是他们生活的写照。"这些装饰图案的创造是我们劳动祖先对当时生活的思考和反映。

在高度集权的封建社会,统治阶级为强化政治等级制度和权至上,在陶瓷生产领域打下了鲜明的阶级色彩,陶瓷制作承载着大量维护统治阶级的思想。规定御窑器物的纹饰和釉色民窑不得仿制,使陶瓷生产打上浓厚的封建统治色彩。"越窑瓷器在五代时被称为'秘色泛',这称呼的由来据宋人的解释是因为吴越闽钱氏割据政权命令越常烧造供本之器,庶民不得使用,故称'秘色'瓷。陶瓷以其特殊的方式不断延展着人类前进的足迹,通过一个个的、一代代的陶瓷器物,把人类的智慧和文化意蕴'固化'并世代相承,这种文化历史的链条从来没有中断过。"

中华人民共和国成立后,各行各业百废待兴,为尽快恢复、发展陶瓷生产,激发陶瓷工人的生产积极性,景德镇非常注重陶瓷文化思想政治教育资源的发掘,以陶瓷为题材的文艺作品大量涌现,进行赞扬新社会、讴歌劳动人民当家做主的思想政治教育。

第三节 提高陶瓷文化教育的传承意识

陶瓷是景德镇称都之源，纵观景德镇的历史，就是一部以陶瓷发展史为主题的历史，其瓷都地位和社会影响足以表明陶瓷在历史上对景德镇的巨大贡献。如今景德镇正处于经济形态与产业转型的关键历史时期，借助建设环鄱阳湖经济圈这一东风，发展陶瓷文化创意产业，对于推进景德镇产业结构调整、加快产业升级、优化资源配置、扩大经济总量、实现科学发展，具有重要的战略意义。如何发展陶瓷文化创意产业，从迷惑和困顿中突出重围，找到出路？人才是第一资源，也是第一竞争力，是企业发展的灵魂。

作为人才培育基地的高校来说，如何培养出引领景德镇陶瓷支柱产业走出低谷，不断开创繁荣兴盛陶瓷产业新局面的陶瓷文化艺术人才，是当今景德镇高校教育的一个重要目标。景德镇陶瓷学院每年毕业的研究生和本科生近 5000人，其中三分之一的毕业生留驻景德镇发展；著有大师摇篮的景德镇学院培养出一批批杰出的陶瓷大师人才；江西陶瓷工艺美术职业技术学院等陶瓷专业类院校等几所高校是培养陶瓷艺术人才的聚集地，这是景德镇特有的文化资源优势，也是景德镇陶瓷产业长远发展的物质基础，充分利用本地高等院校的教学资源进行陶瓷文化艺术人才开发培养，再辅之以其他形式的人才培训机制，是景德镇现阶段完成人才储备和开发利用最为实际有效的手段，也是保证景德镇陶瓷产业能够可持续发展的重要保障。

一、陶瓷文化艺术人才培养的现状

传统陶瓷装饰彩绘的延续大致以传承的方式：父承子、师徒承的形式出现。师徒传承的学习，比较讲究陶瓷专业技能的掌握，经过几年的绘画学习，可以熟练地掌握师傅的专业绘画技能，模仿师傅的画面形式感。如此的学习缺乏专业理论的指导，难于呈现出自我的思想情感，画面缺乏精、气、神的表现。而工艺美术作品与工艺品最大的区别是，前者不仅需要精湛的工艺绘画技能，更难得可贵的是要融入作者的思想情感、艺术文化修养、人文精神、美学原理。这样有生命力的作品才是一种美妙的诠释，只有这样，作品才能扣人心弦。

学院派的陶瓷人才培养模式中，学生可以系统规范地学习专业理论知识、艺术美学，陶瓷作品呈现出作者的自我情感、主观创造性、构思新颖、常有想象力。但是专业课程设置，采取传统学科体系结构的课程模式，虽然强调知识的系统性和循序渐进，但是将知识传递与陶瓷绘画技能培养割裂，造成理论与实践的脱节、技能训练与应用性的脱节。学生即使完成各课程的学习，创作出的陶瓷作品风格与陶瓷市场的需求不符合，得不到市场的认可与喜爱，达不到毕业生走出校门就是应用型、实用型人才的培养目标。

基于职业技能教育下陶瓷人才培养模式，应结合当前人才培养需求，与时俱进，走出一条有自己特色的陶瓷人才培养模式。因此，作为职业技能教育的陶瓷艺术人才培养，迫切需要在陶瓷课程的设置上重视和加强，强化陶瓷工艺技能培养。高职、高专、院校是培养应用型、技能型陶瓷人才的场所，加强实践动手能力的培养尤其重要。

二、高校陶瓷艺术教学模式改革的措施

（一）加强高校专业基础课程建设

艺术类的专业基础课程的设置是学生技能掌握的重要保证，陶瓷类专业基础课程一般包括陶瓷造型艺术和陶瓷彩绘艺术，陶瓷彩绘包含釉下青花装饰和釉上新彩、粉彩、古彩装饰几大类。这些都是陶瓷美术专业的主要课程，这些课程面临着巨大的考验，特别是传统的陶瓷彩绘装饰艺术出现在古代元、明、清不同时期，具有悠久的历史，其文化内涵丰富，时空跨度很广，每种类型的陶瓷彩绘装饰都呈现出各自的艺术审美特征，风格各异、包罗万象。工艺操作流程复杂、技能难度非常之大。陶瓷的魅力是土与火的艺术，一般陶瓷作品要经过二至三遍的烧制，经过烤花呈现出璀璨夺目的艺术装饰效果，但时常出问题也是常有的情况。而且陶瓷颜料多达几十种，每种颜料的不同特性及发色的不稳定性，种种情况给教学带来巨大的挑战。要了解并很好地掌握需要老师和学生共同努力，花大量的时间、精力去学习和研究。学校安排的专业课程，课时量只有几周的时间，往往只能使学生处于刚刚认识和入门阶段，当学生逐渐产生兴趣课程便结束了。抑制了学生深入学习课程的浓厚兴趣和技能性的把握。学生在较短的时间内对博大精深的陶瓷艺术有全方位的认识和掌握是高校陶瓷人才培养的一个巨大难题。笔者认为在实施教学计划过程中重视和加强这些课程的设置，增加这些课程的学习周期是非常必要的。学习时间的充足可以有效地提高和加强技能的掌握，为培养技能型、应用型的陶瓷人才提供保证。

（二）拓展高校的校企合作教学模式

在高职教育改革不断深化、校企合作人才培养模式的大力推动下，企业与

院系专业教师、大师、画工一起，以地方产业结构升级调整的大环境为背景，以提高学生就业能力为导向，通过校企合作组织能力分层、优势互补的实践教学平台，实施专业教学和职业实践一体化教学改革。这种教学模式，把教学、求知、做事和技能训练结合在一起，有效地促进了陶瓷工艺专业的特色化发展。陶瓷设计制作的整个工作环节从"泥料配置、釉料配置、装饰造型、模具制作、装窑烧制"一整套流程的熟知。学生可以在具体而真实的工作过程中，学习和掌握陶坯雕刻、施釉上色、青花、新彩、粉彩等综合装饰技法，了解装窑烧制的陶瓷产品整体制作过程。同时利用景德镇"瓷都"的优势，开展渗透式的专业考察和行业调研，指导教师带领学生对贺德锁的陶瓷行业、高校进行考察，使学生了解陶瓷工艺及造型特点，感受行业顶尖发展趋势及其辐射面，使认知、体验和实践三位一体。学生的被动学习和模仿性设计转化为开放性的、动态的过程性学习和创造性设计，给予学生极大的艺术创造空间的同时，提供学生广阔的行动空间、自主的学习空间和真实的博弈空间，学生不仅熟悉陶瓷艺术制作过程，也更直观地了解陶瓷作品的市场价值。比如，景德镇学院艺术系与佳洋陶瓷有限公司的合作就是一个非常典型的例子，由院系专业教师单独授课或由专业教师与企业资深师傅合作授课。有利于学生掌握专业技能和企业文化，以便毕业后更快更好地适应陶瓷市场发展的需求。通过校企合作办学，实施师父带徒弟式的教学校式，充分考虑学生的学习目的和兴趣，提供适合不同时段、不同学习场所的实践活动，培养学生的创新能力，有目的地引导学生适应社会需要，实现就业。在课程体系设置中，通过淘汰过旧课程，延长专业课程教学课时的设置，尽量使学生学精一门技艺，并开拓第二课堂，充分考虑学生的学习目的、学习兴趣，提供适合不同时段、不同学习场所主观能动性的学习活动。

（三）扩大高校学生创意基地的建设

搭建集聚平台，构筑人才发挥作用新阵地。景德镇市雕塑瓷厂内的乐天陶社创意集市给予高校陶瓷人才的培养提供了实施的土壤，它是一个国际性的陶艺中心，坐落于十大瓷厂之一的雕塑瓷厂内，周边被数百个手工作坊和手工艺人包围，这些作坊和艺人中包括：泥料生产和回收厂、拉坯艺人、泥雕艺人、模具工人、青花艺人、独立手工艺人和艺术家、釉料店、公共气窑、锦盒制作等。乐天陶社还引进了一批具有影响力的外来公司入驻，带来了很多新观念、新材料、新技术，对促进和繁荣陶瓷文化创意产业和市场，产生了巨大的推动作用。各种类型的陶瓷文化创意作坊、门店，形成了陶瓷创意文化产业链。如此一来，学生可以熟知一整套制陶环节，可以直观、有效地学习陶瓷工艺。创意市集是一个年轻陶艺家和大学生聚集和交流的好地方，越来越多国外优秀的艺术家纷纷而来，为陶瓷创意产业的发展注入了新鲜血液，对大学生个人艺术创作的提高有很大帮助。高校大学生成为陶瓷创意市场上的"主力军"，每周六上午八点到十二点在雕塑瓷厂内瓷园举行，会有超过100个陶瓷类高校大学生和年轻艺术家聚集在一起销售新创作的陶艺作品。有传统造型和现代气息的雕塑、造型别致的餐具、拙朴雅趣的饰品、憨态可掬的摆件等。学生可以在自我的艺术世界里自由翱翔、天马行空，创造出具有创意的陶瓷艺术作品。不少大学生在这里找到了展现自我的平台，实现了就业创业的"无缝"对接。

（四）提供高校学生人才交流机会

"走出去"展示、请进来交流各种会展、论坛和博览会为景德镇高校创意人才的培养提供了重要舞台。（1）由国家商务部、中国轻工业联合会、中国贸易促进委员会和江西省人民政府共同主办的中国景德镇国际陶瓷博览会给予高校学生全方位的交流、学习机会。瓷博会期间有众多陶瓷精品展示，日用瓷、陈设瓷、艺术瓷，琳琅满目、争奇斗艳。陶瓷艺术类高校老师和学生的精品作品展为瓷博会争光加彩，国外艺术家带着他们的作品参加陶瓷盛宴，与世人分享。瓷博会在推动世界陶瓷产业发展、增进陶瓷文化交流和促进陶瓷贸易流通等方面发挥越来越重要的作用。吸引着国内外众多陶瓷艺术爱好者和收藏者，有利于学生开阔视野，提高学生陶瓷创造的高度和深度。（2）各种陶瓷学术交流的举办。高校可以积极主动邀请国内外知名陶艺家来校讲学，采取艺术家讲学的形式，也可以提供学生和艺术家互动交流的机会，学生可以学习、借鉴国外艺术家新的艺术观念、新型的陶瓷制作工艺、技术与材料，感受艺术家的艺术创作热情、艺术情怀，了解国外友人的艺术审美特征与审美倾向，与国际紧密接轨。（3）各种陶瓷艺术大赛的参加.学校应鼓励、动员学生经常参与各种类型的陶瓷比赛，如全国美展、陶瓷艺术百花奖评选、大学生陶瓷创意设计大赛等比赛，有助于陶瓷创意人才的培养，提高学生陶艺作品设计感、创新能力。

（五）完善高校教师队伍建设

陶瓷类高校教育的任务是培养具有创新精神和实践能力的陶瓷人才。要培养出优秀陶瓷人才，前提在于创设一支高素质的教师队伍。"国家的希望在于教育，教的关键在于教师"，高校教师队伍状况是衡量一所大学水平最具决定性的因素，高素质的教师队伍是高校发展过程的主旋律和高校管理的永恒主题。为了提高高校教师队伍的水平，可以实施一系列改革。其一，教师人才引进，建设一支具有"双师"型素质的特色师资队伍成为创业型人才培养的当务之急。

人才引进上注意引进有实践背景的教师，把这样的经历视为与学历、职称、科研业绩同等重要的参考指标，并且可以引进陶瓷企业家、陶瓷企业高级技术人才、知名收藏家、艺术家等成功人士作为高校客座教授充实创业教师师资，为学生讲授陶瓷行业背景、业内实务、真实案例等内容。人才培养上有计划地安排教师特别是年轻教师到陶瓷企业挂职，锻炼提高教师的实践能力和专业素质。其二，教师人才激励制度，尽快建立一套符合创业型人才培养的教师激励机制。在职称评定、业绩考核等方丽给予必要的政策倾斜，引导专业教师投入创业教育。学校可以采纳按需设岗、公开招聘、平等竞争、择优聘任、合约管理、按劳取酬、按劳优酬等教学制度。

随着科技日新月异的发展，人们对陶瓷艺术品的审美倾向、陶瓷工艺技能的要求越来越高，培养陶瓷文化艺术人才的高校也应与时俱进，培养现代人、现代市场认可和喜爱的陶瓷类人才。随着一代代陶瓷人才走向陶瓷市场，千年瓷都景德镇的陶瓷产业，一定具有划时代的发展，成为景德镇人的骄傲、国人的骄傲。

第四节 用陶瓷文化元素构建校园文化环境

面对我国丰富珍贵的历史文化遗产，我们不但要加以继承和保护，更要积极地去创新和发展它，赋予其强烈的时代特征，这是我们必须肩负的历史使命。将丰富的文化内涵与陶瓷相结合，突破原有或传统的行为模式，以全新的姿态展现出来，使之无论是形态还是意义都充满着睿智灵动的思想，清新脱俗的风格，这就要求我们重视创造性思维的灵活度。

一、培养学生在陶瓷文化创意中的创造性思维

（一）联想思想法——培养思维的深刻性

联想思维法是根据事物之间是具有接近、相似或相对的特点，进行由此及彼、由近及远、由表及里的一种思考问题的方法。它是通过对两种以上事物之间存在的关联性与可比性，去扩展人脑中固有的思维，使其由旧见新、由已知推未知，从而获得更多的设想、预见和推测。

著名美学家王朝闻说："联想与想象当然和印象和记忆有关，没有印象和记忆，联想或想象都是无源之水，无本之木。但很明显，联想和想象，都不是印

象和记忆的如实复现。"因此，在陶瓷文化创意中，学习有关陶瓷专业的大学生也要培养自己的想象力，异质同化，运用熟悉的方法和已有的知识，提出新设想；同质异化，运用新方法"处理"熟悉的知识，从而得出新的创意。通过联想和想象对记忆进行提炼、升华、扩展和创造，而不断创作出新的作品。

（二）发散性思维——培养思维的灵活性

发散性思维是从一个目标或思维起点出发，沿着不同方向，顺应各个角度，提出各种设想，寻找各种途径，解决具体问题的思维方式。

根据美国学者吉尔福特的理论研究，与人的创造力有密切关系的是发散性思维能力以及与之相关其转换因素。他指出："凡是有发散性加工或转化的地方都表明发生了创造新思维。"

在陶瓷文化创意中，也要有意识、有步骤地扩大思路，从多角度思考问题。许多大学生陶瓷作品的文化创意都是从源远流长、博大精深的古诗词中得到启发的，那些陶瓷大家也是一样。就如广东省陶瓷艺术大师、高级工艺美术师——蔡秋权先生的作品《江南春》。就是把中国民族独有的泥窑艺术、传统国画和唐风宋韵完美地结合起来。将诗词"日出江花红胜火，春来江水绿如蓝"的意境展现得淋漓尽致。

（三）收敛思维——培养思维的整合性

收敛性思维是在已有的众多信息中寻找最佳的解决问题方法的思维过程。在此过程中，要想准确发现最佳的方法或方案，必须综合考察各种思维成果，进行综合性的比较和分析。我们欣赏研究古今中外的经典陶瓷作品数不胜数，各种装饰手法和工艺技法，各种思维模式和构想，完全可以创新性地整合其优点和特点，以自己的中心思想为核心，对原有的知识从内容和结构上进行有目的的选择和重组．就可以独辟蹊径，自创一家，逐步积累和创造自己独特的艺术语言和表现手法。

（四）逆向思维法——培养思维的独创性

逆向思维法是相对于习惯思维而言的，也就是从相反的方向来考虑问题的思维方法，它常常与事物常理相悖，但却表达了出其不意的效果。

在逆向思维中有一种缺点逆向思维法，这种方法并不以克服事物的缺点为目的；相反，它是化弊为利。如断臂的维纳斯和罗丹的雕塑巴尔扎克两件传世均除去了手臂和手的部分，却让欣赏者的注意力吸引到作品真正表现"美"的部分。又比如讲到陶瓷文化的创意，大家都做美丽的天鹅，栩栩如生，洁白如玉．那我们完全可以做一只折翼受伤的黑天鹅，表现偶尔的小感伤；大家都在做极致高雅、美轮美奂的徽派建筑，我们依然可以做残垣断壁的一角，表现一时忘却的记忆。

残缺之美在艺术上表现为结构或内容的不完整，却能给人奇异的美感和无穷的意蕴，有时也表现为化腐朽为神奇和点铁成金之妙。西画中印象派大师莫奈和凡·高等人，往往在一张旧椅或几间破屋之间表现一种奇特的艺术效果；国画中的奇树怪石、败枝残叶，都能让人产生无穷的想象。

二、大学生陶瓷文化创意中自身修养的重视

首先，要重视传统陶瓷文化的继承和创新，中国千年的陶瓷艺术发展，创作了诸多陶瓷艺术表现形式和装饰工艺方法，积累了丰富的经验，具有十分浓厚的文化底蕴，是一笔珍贵的文化艺术财富，应该很好地继承和发展它；还要深入生活，不断探求和认知世界，认识大自然，到生活的母体中汲取营养，不断丰富自己的认识，启发灵感，增强创作活力；重要的是要提高自己的文学修养，通过学习充实自己，不但要学好美学理论，还要学好艺术辩证法才能处理好陶瓷艺术装饰内容和表现形式之间的相互关系，只有提高自己的文学修养，才能使自己的作品更有品位，创作艺术水平不断提升；最后，要注重个人作品艺术风格的形成，一味地模仿照搬只能毁掉自己的艺术生命。

我们要更深层次地发掘大学生陶瓷文化创意的方法，在保留原先优秀作品的同时，研究发现更多更新的陶瓷文化创意途径，将内涵放大，使得大学生能够独辟蹊径，让原本就丰富多彩的陶瓷陶艺作品锦上添花，在中国社会甚至国外引起关注，引领世界陶瓷文化时尚新潮流。而且对于市场来说，目前陶瓷低端产品还很多，千万不能再去一味搞规模扩张，而应在品质上下功夫，提高陶瓷的科技含量和文化内涵，提高产品附加值、让它不仅是陶瓷产品，更是艺术品。而大学生提高陶瓷文化创意水平后，将其推到市场，形成陶瓷文化创意产业，甚至建设陶瓷文化创意产业园，选择一条经济文化化、文化经济化、科技文化化和文化科技化的高端发展路线，使其成为一个依托陶瓷产业基地，打造一系列陶瓷文化创意服务平台，让陶瓷文化创意得以更好地发挥和实施，实现创意产业化，产业创意化，必然能有质的创新和飞跃，从而使中国陶瓷走向世界。

第五节　加强网络平台对陶瓷文化的推广与宣传

随着社会的快速发展，文化产业与信息产业已经成为 21 世纪重要新兴产业，并成了经济新的增长点。习近平总书记治国理政中，也强调以"六个一"为主体内容的基本思路。因此，在新媒体环境下，运用知识产权来进一步服务大学生陶瓷文化的探索与实践更具有理论意义和实践价值。

随着社会的不断发展与进步，人类由竹简、印刷、电子符号向数字时代发展，传统媒介发生了很大变化，并由传统报纸、录音机、电视向以网络、手机为媒介的微媒体、自媒体时代发展。

在新媒体时代，通过运用新媒体技术，信息传播速度快、内容广、视觉震撼力和表现力较强。同时，新媒体一方面在向人们高速、快捷地传递信息的同时，另一方面也出现了不容忽视的问题：实时监控难、证据采集难等。当今形势下陶瓷文化艺术品市场上作品真伪难辨、优劣不明，如何加强新形势下陶瓷文化知识产权保护工作就成了需要解决的现实问题。陶瓷产品和产业在新媒体平台上的推广，从以往主要依靠手摸眼看的传统鉴定办法转换到用数据来表达、让科学来证明等，国家针对新媒体特别是互联网先后也出台了法律法规，并立足于传统的知识权保护手段上，采用包括专利、商标和版权学在内的多种方式，在知识产权保护方面，将更具计划性、战略性和前瞻性，为新媒体环境下大学生陶瓷文化作品知识产权服务开拓全方位、多层次、立体化空间，注重品牌塑造，加强陶瓷知识产权保护，维护陶瓷文化品牌。

新媒体环境下大学生陶瓷文化知识产权服务平台措施主要有以下几点。

第一，多元参与服务平台——从运用、保护和管理体制入手；鼓励发明创造，专利申请，维护陶瓷知识产权合法权益，完善知识产权工作体系。通过政策引导和物质投入，带动增强知识产权意识，鼓励开展技术创新，加强对知识产权工作的进一步开展。在景德镇市调研过程中发现，通过颁布实施《专利费资助暂行办法》，设立市专利费资助资金等方式，比较好地调动了陶瓷人才开展技术创新、申请专利保护的积极性。

为进一步加强对陶瓷知识产权的保护，促进《景德镇陶瓷知识产权保护办法》顺利实施，严格开展专项执法检查，开展大型宣传咨询和打假活动，维护市场经济秩序，全面整理已办理使用"景德镇"驰名商标的 100 多家陶瓷企业，通过新闻媒体曝光严重侵犯陶瓷商标权的生产经营企业和个人；对于严重侵犯陶瓷商标权屡教不改的，可运用法律手段打击商标侵权行为。2006年11月28日，中国陶瓷知识产权信息中心举行了揭牌仪式。自2007年以来，全国陶瓷行业唯一一家知识产权信息中心在景德镇高校正式建立，景德镇通过该中心创办的"中国陶瓷知识产权信息网"为中国陶瓷行业提供国内外专利的咨询、查找等各种服务，建立景德镇陶瓷专利信息数据库，建立健全了江西省陶瓷知识产权维权援助工作站，完成专利查新70余件，代理申请专利数百件，参与指导企业贯标50余家，建立建成专利专题数据库近百个。

第二，共聚智能服务平台——推动创意创新创业教育，提升大学生知识产权应用能力，增强知识产权保护意识。

"'4·26'知识产权进校园"咨询是一项特色活动，由江西省陶瓷知识产权信息中心联合景德镇市科技局等部门，在景德镇陶瓷大学图书馆联合举办景德镇每年承担中国知识产权培训中心的"全国陶瓷行业知识产权高级管理人员系列培训班"。通过建设专利管理信息平台，深入企业开展专利信息利用培训。

中国知识产权培训中心开通远程教育平台景德镇陶瓷大学分站，培养专利代理人。近年来，中心承办陶瓷领域及专利信息培训19次，培训人员2000多人，远程教育培训3700多人，承担全国高校巡回讲座3次，服务企业370多家。

该中心还拥有两个宣传知识产权知识的窗口。中国陶瓷知识产权信息网、中国知识产权远程教育平台。2012年，江西省科技厅认定中心为省级科技查新单位。中心拥有中国、美国、英国、德国、瑞士、俄罗斯多个国家与组织的专利数据库，为全国陶瓷行业及江西省企事业机构提供国内外专利的检索、咨询、专利转让与推广、专利统计与分析、专利专题数据库建设等服务。经过多年应用与实践，该中心建立并完善了现代专利信息服务模式，提出并逐步健全的全国陶瓷行业—全省新兴产业—地市重点产业—各地重点企业服务理念为行业所认可和肯定。

第三，特色发展服务平台。通过理论分析、问卷调查等，构建陶瓷文化知识产权服务平台评价指标体系，推进大学生陶瓷文化作品知识产权建设特色化。转变陶瓷文化知识产权服务平台建设的观念，融入社会信息交流中突出自身特点和优势，进一步突出大学生陶瓷文化作品知识产权重要性，适应社会对陶瓷文化要求，旨在增强陶瓷文化的吸引力和影响力，实现陶瓷文化在社会中的理论和实践价值。

积极进行大学生陶瓷文化作品知识产权发展评价。随着新媒体技术和陶瓷文化事业的不断发展，新的传播理念、模式愈发冲击着传统陶瓷文化信息传播模式,更影响和改变着人们信息传播习惯和消费方式。通过适应新媒体信息传播环境,正视大学生陶瓷文化不断同质化趋势,凸显文化特色,推进实现其社会价值;认真实证分析主要服务平台的发展水平。研判陶瓷文化作品知识产权发展总体水平,整合现有的陶瓷文化作品知识产权网络资源,运用新媒体建设好陶瓷文化知识产权服务平台,完善本土化、符合国情、具有地方特色、文化传统的知识产权管理,逐步向商标服务、版权服务扩展,保护陶瓷文化知识产权合法权益。

根据大学生陶瓷文化知识产权服务平台的总体建设工作目标,运用新媒体进行大学生陶瓷文化作品知识产权保护,提升其在实物展示和虚拟网络中信息传播和服务质量,促进陶瓷文化知识产权事业健康持续快速发展,走综合发展的有效路径。

通过提高陶瓷文化知识产权保护意识,加强陶瓷文化发明专利、实用新型专利、外观设计专利、版权、商标品牌等之间的优势互补,并在平台上加大宣传发挥出的预期效果,为陶瓷行业提供国内外专利导航、商标咨询和版权维权等各种服务,推进陶瓷行业技术创新与产业升级,发挥知识产权在品牌建设中的积极作用。

第七章 "非遗"视域下陶瓷文化融入大学生思想品德教育状况调查

第一节 大学生获得陶瓷文化知识的途径

人类社会进入 21 世纪，世界迎来了一个全新的时代，即创意产业时代。20 世纪 90 年代，英国最早提出创意产业概念，在 1998 年出台的《英国创意产业路径文件》中提出，创意产业是指"那些从个人的创造力、技能和天分中获取发展动力的企业，以及那些通过对知识产权的开发创造潜在财富和就业机会的活动"。它主要包括广告、广播和电视、电影与录像、音乐、文化艺术、出版业、软件及计算机服务、手工艺品和时尚设计等。由于创意产业是全新的产业通道的经济概念，是朝阳产业、绿色产业，具有广阔的发展空间并能为社会创造巨大经济效益的产业，因此，创意产业在世界各发达国家和地区迅速成长。由于创意产业的核心要素是创意人才，因此，各发达国家和地区都在大力培养创意人才，积极发展创意产业。"创意产业"或"创意经济"作为超越门类的范畴经济或产业形态，其主要构成元素已经不再是资源、资本，而是个人的智慧、个体的创造能力和创新精神。因此，创意产业也可以称为创意经济。创意经济与劳动力密集型经济不同，劳动力密集型经济主要是由资源型经济和资本型经济构成，创意经济主要构成要素是智慧经济或知识经济，而创意经济又是知识经济的核心。创意经济具有如下三个重要特征：第一是学科交叉的经济。第二是知识融合的经济；第三是技术集成的经济如动漫、游戏等是美术设计、软件开发、人文知识等多学科知识的复合和技术集成的，因此创意经济对人才的要求非常高。依据创意经济的重要特征。创意经济时代的人才应是复合型创意人才。必须是具有三个学科（或专业）以上的基本知识和基本能力的复合型创意人才。其特征是：具有宽厚的专业知识和良好的人文素养，具有能力复合、知识复合、思维复合以及健康的人格个性和卓越的创意能力，俗称一专多能的人才。我国的创意产业还处于初步发展阶段，创意人才的匮乏是制约我国创意产业发展的瓶颈，培养复合型创意人才是我国发展创意产业的关键。

一、培养复合型创意人才的重要意义

1.培养复合型创意人才符合高等院校自身发展的要求。在创意经济时代，创意是产业竞争力的核心。创意就是一种具有独特性、新颖性和创造性的想法，是建立在较高的专业知识和技能以及较高的综合素质基础之上的超越自我的发散思维。传统的教育理念和教育方法不能够培养学生超越自我的发散思维，不适应创意经济时代的要求。纵观我国高等教育整个历史发展过程，经历了由应试教育到素质教育发展的变更，反映了高校为时代服务的鲜明特征。高等教育的鲜明特征决定了高校必须与时俱进，改革创新，改革传统的教育理念和教育方法，要以全新的教育理念和教育方法培养大批复合型创意人才，为我国经济建设服务。因此，培养复合型创意人才为我国创意经济服务既是高校的历史使命，也是高校自身发展的必然要求。

2.培养复合型创意人才是实现我国国民经济跨越式发展的迫切需要。改革开放以来，我国走的是传统粗放型经济之路，随着创意经济时代的到来，传统的粗放型经济已不适应当今我国社会的发展，大力发展创意产业才是我们的强国之路。创意产业不仅可以为社会创造巨大的经济效益，而且还具有加快我国国民经济发展方式转变的强大功能，大力发展文化创意产业，实现我国经济跨越式发展，已成为我国国家战略目标。随着我国社会各领域文化创意产业的兴起，创意人才显得非常匮乏，培养创意人才已提升到国家战略高度，2010 年我国颁布了《国家中长期人才发展规划纲要（2010—2020 年）》，高等院校是培养人才的主要部门，因此，培养复合型创意人才就成为高等院校义不容辞的责任，为国家培养和造就一大批复合型创意人才，这既是高等教育实施人才强国战略的必然选择，也是实现我国国民经济跨越式发展的迫切需要。

3.培养复合型创意人才是区域文化创意产业发展的迫切要求。区域文化创意产业发展关系到国家文化创意产业总体战略目标的实现。地区高校确立人才培养目标应根据国家与地方创意产业发展现状，要具有前瞻性，构建具有自身特色、符合地方创意产业发展的复合型创意人才培养模式。目前我国区域文化复合型创意人才非常匮乏，尤其是既能创意又通晓经营的复合型人才，以景德镇为例，景德镇是千年陶瓷文化名城，具有深厚的陶瓷文化底蕴和悠久的陶瓷文化历史。千年窑火的神韵铸就了这座古镇历史的辉煌，面对这座古镇独具特色的陶瓷文化和丰富的陶瓷文化资源，由于缺乏通晓陶瓷文化资本运作和经营管理等高端复合型创意人才，丰富的陶瓷文化资源没有得到深层次发掘和整合，经营管理分散作为，没有打造成完整的产业链，陶瓷文化资源的经济价值没有充分体现，景德镇陶瓷文化创意产业就难以做强做大。因此，改革开放以来，景德镇陶瓷文化产品在国内外市场竞争中逐渐失去竞争力，人才匮乏严重制约着景德镇陶瓷文化创意产业的发展。我国虽然有众多艺术大中专院校及陶瓷艺术专业，但是，由于许多高校没有依据区域文化产业发展要求和就业走向，及时更新教育理念，课程体系建设和专业设置缺乏时代性和实用性，导致高校培养的许多艺术类大学生缺乏创业精神和创业能力，不能适应创意经济时代发展要求，同时各艺术高校专业设置方向同质化严重，形成同质化竞争供大于求，而陶瓷文化经营管理、营销策划、陶瓷经纪人等人才严重缺乏创意经济时代的显著特征是知识复合、学科交叉、技术集成。这一特征决定艺术高校必须改革创新，更新教育理念和改革创新教学方法，尽快探索出具有文理渗透、学科交叉、注重素质和能力的全面发展的人才培养新模式。使陶瓷艺术高校培养出的人才既具有"创意"，又能"经营管理"，还能"营销策划"等复合型能力，尽快为区域文化创意产业培养大批高端复合型创意人才，增强景德镇陶瓷文化软实力，提升我国陶瓷文化产业国际竞争力。

二、构建复合型创意人才培养模式以路径为重点

1.建设以文理渗透、基础宽厚、学科交叉为路径的课程体系并优化专业结构。长期以来，陶瓷艺术高校都是采用传统的教育模式，虽然近年进行了改革，但改革的深度和广度还不够，并没有大胆创意，在人才培养上仍然没有走出传统教育的误区。上海市政府决策咨询专家、上海社会科学院研究员花建认为，创意产业要求人才的整体素质很高，其中一条是受过三个学科以上复合教育的复合型人才。因此，培养陶瓷文化复合型创意人才必须要大胆创意，打破传统学科专业设置的弊端，针对陶瓷文化创意产业发展需求，建设跨学科、宽口径的课程体系，优化专业结构。高校应结合我国陶瓷文化创意产业人才缺口，开设综合性的陶瓷文化创意产业专业，有针对性地培养陶瓷文化创意产业经纪人、营销策划、经营管理等高端复合型创意人才，以适应陶瓷文化创意产业发展对各个领域的人才需求。如在陶瓷艺术专业课程基础上可针对性地增设经营管理、营销策划、人文和经济贸易类等学科课程，同时，陶瓷艺术高校设置专业的界限不要追求严格，要宽口径，如装潢美术专业、陶瓷艺术专业、动漫专业等专业学科知识要相互渗透与交叉，装潢美术专业、动漫专业可增加陶瓷艺术等课程内容。这样可以让装潢班和动漫班的学生更多地了解陶瓷的制作绘画全过程，

让他们感受陶瓷文化艺术，拓宽专业口径。心理学研究证明，学生在学习过程中大脑能自觉地整合知识，建构新的知识体系。最终会形成知识复合、能力复合和思维复合，这样不仅能达到知识技能的合成，而且还能够激发学生的创意情感。在艺术界流传这样一句话——"艺术都是相通的"。在西方艺术教育领域，专业设置界限是非常模糊的，主要目的是为了学生在学习过程中能形成技能、知识和思维的复合。培养学生的多边型技能，对复合型艺术人才的培养非常有利，因此，国外许多艺术家都是以双重身份或多重身份出现，他们既是某公司经理又是设计师兼自由撰稿人等。陶瓷艺术高校教育工作者更要有创意精神，在课程体系建设和专业设置上要大胆创意，只有创意教育，才能培养创意人才，高校应尽快培养出陶瓷文化产业各领域的复合型创意人才，以满足陶瓷文化创意产业对人才之需，从而提升景德镇陶瓷文化产业核心竞争力，促进我国陶瓷文化创意产业跨越式发展

2.构建以注重素质和能力全面发展的人才培养路径。注重素质和能力全面发展的人才培养必须要创意教育，这是培养复合型创意人才的关键。高校创意教学的内容具体表现在如下几点。

（1）在教学中注重培养学生的创意精神，激发创意激情，人们的创新才能都是在智力要素、创新情感及信念要素的作用下产生的综合效果，三者相辅相成，缺一不可。在智力要素具备的前提下，情感和信念一旦形成，就会使人百折不挠、坚定不移地追求理想目标。因此，高校教育要以创新情感为动力，在教学中，教师应加强培养学生追求理想、坚定信念和激发学生强烈的创意激情等要素。高校教师应运用多种教学方法，如西方的探究式、案例、参观、谈话等相结合的教学方法对学生要晓之以理，动之以情，持之以恒，培养大学生崇高理想和坚定的信念以及创意精神和创意激情。

（2）在教学中注重创意思维的技能、技法培养。创意思维的培养是提高大学生创意能力的起点和关键。要培养大学生的创意思维能力，高校教师必须改变传统的灌输式教学，要以学生为中心，将创意思维的训练融入各门学科及课堂的教学，并使之成为教学改革的重要内容。1979年，日本创新学会会长恩田彰教授和日本创新开发研究所所长高桥浩整理出版了一百多种国际上最著名的创新技法，为高校教师提供了丰富的创新思维的训练技法。高校教师要根据学生的不同个性差异采取不同的创新技法教学，加强学生的创意思维能力训练，培养大学生的创意思维能力。

（3）在教学中注重学生的个性品质培养。优异的个性品质是陶瓷文化产业

创意人才走向成功的不可缺少的第一要素。在创意经济时代，高校培养目标应当从社会发展与人的发展统一需求出发，培养学生学会做人的良好个性品质。学会做人是陶瓷文化创意人才最基本的心理要素，学会做人就是学会如何促进个人与他人的和谐；如何正确处理好竞争与合作的关系；如何促进个人与社会的和谐；如何促进自我身心健康发展，这是人文和社会学科的精髓。因此，陶瓷艺术高校课程内容的改革应增加人文和社会课程。同时要构建良好的校园陶瓷文化创意氛围，充分发挥高校校园文化的辐射作用，高校必须把学生培养成为具有专业技能、人文素养和创意能力相统一的陶瓷文化产业创意人才，提升我国陶瓷文化产业核心竞争力，加快国家和地区经济转型，迎接创意经济中国时代的到来。

第二节 大学生对陶瓷文化的价值认识

陶瓷文化是指在陶瓷制作过程中所体现出的材料文化、工艺文化、行为文化等物质文化形态和陶瓷器皿所反映出的艺术内涵、情感表达、心理状态、思想观念以及创造力等精神文化面貌，是由中国地理环境和文化传统所决定的。它既有实用性又有艺术性，是一种独特的充分融合科学技术、手工工艺和造型张力的文化。陶瓷文化具有深厚的社会历史底蕴，而且能够创新不辍，彰显民族精神与时代精神，在当下也具有广泛的影响力。

一、景德镇陶瓷文化的特色

（一）拥有独特的地理环境与资源优势

景德镇具有优越的地理位置、适宜的气候环境、丰富的瓷土资源。景德镇地处江西北部，长江南岸，素有"六山一水三分田"之称。四面青山环绕，自成天然屏障。景德镇幸免于战乱的相对安定的环境使得陶瓷业一直薪火相传。景德镇盛产质地优良的高岭土，是烧制轻薄精细陶瓷的重要原料。

（二）具有保存较为完整的古瓷业文化体系

历朝历代的陶瓷艺人都在景德镇留下了宝贵的文化遗产。2001 年年底，贺德锁文化遗址普查资料显示，古瓷窑址共有 24 处，其中以全国重点文物保护单位"湖田古瓷窑址"和"珠山御窑厂遗址"最具有代表性。景德镇在唐朝有"陶窑"，宋代青白瓷艺术达到巅峰，元代成功地烧制出具有划时代意义的釉里红。

明宣德年间的"祭红'、成化年间的"青花斗彩"、嘉靖万历年间的"五彩瓷"等都已成为"瓷都"文化的重要组成部分。

（三）拥有精湛的制瓷工艺

景德镇拥有我国制瓷史上众多杰作气势宏伟的大龙缸和精巧无比的胎瓷的烧造，标志着当时制瓷技术达到了相当高超的水平。清代康熙、雍正、乾隆三朝，景德镇瓷器工艺、品种、质量、产量和技艺都进入了更高的境地。"康熙五彩"，雍正、乾隆的"珐琅彩""粉彩"以及郎窑红、三阳开泰、窑变花釉等颜色釉的问世，极大地丰富了陶瓷装饰。近代的"珠山八友"将中国画运用于陶瓷装饰，独创"落地粉彩""水点桃花"等瓷绘技法，形成了一代画风，也成为景德镇陶瓷的标志。

（四）兼具多元文化特性

南宋时北方连年战乱，大批陶工纷纷南迁，景德镇得以融合南北技艺风格。元代被接纳的波斯的青花釉原料、清康熙年间引进的西洋珐琅彩料及借鉴欧洲油画装饰技巧，使得景德镇陶瓷文化能够熔古铸今，中西合璧。

二、陶瓷文化对高校文化建设的促进作用

（一）传承文化，培养兴趣

陶瓷以自己独特的方式来反映社会生活、文化、哲学、艺术等，极具科学性、知识性、趣味性，涉及人类学、艺术学、美学等诸多领域，陶瓷文化本身具有陶冶情操、塑造个性、发展智力等素质教育功能。中国陶瓷以其丰富的原材料、造型、釉面和彩绘，生动地展现了中华民族在不同时期、不同地域的特色文化形态各异的日用器皿，别致独特的各式文玩，巧夺天工的装饰器具，还有雅俗共赏的市井风情，中外融合的艺术张力，体现了陶瓷文化所承载的深厚历史底蕴。陶瓷文化能够帮助大学生解读祖先的勤劳与智慧，开拓自己的文化视野，更加珍爱我国历史文化遗产，培养浓厚的文化艺术兴趣。

（二）依靠文化，完善人格

在《审美教育书简》中，席勒肯定了审美在完善人格中至关重要的作用。马克思认为人类的最高境界应该是实现自由而全面发展。学习陶瓷文化，会让大学生领略到艺术的魅力，洗涤心灵，于快节奏的现代生活中获得美的感受，了解陶瓷历史，赏析陶瓷作品，设计制作陶瓷器皿，有助于培养学生的爱国情怀、审美品位、创造能力等，从而更好地实现全面自由发展。校园文化建设需要依靠全体师生的共同参与，在陶瓷文化的传播、学习和实践的过程中，不同

高校、不同年龄的师生之间增进了沟通协作，实现了教学相长。

（三）创新文化，兼容并蓄

陶瓷文化内涵深厚，涉及自然地理、科学技术、文学、哲学、艺术、人类学等各个学科领域。研究学习陶瓷文化，能够了解到许多相关的文化知识，引发学生对历史、美学、材料、书画等学科的探索热情，有助于形成兼容并蓄、积极向上的综合性校园文化氛围。

第三节　大学生对陶瓷文化的践行状况

大学生的第二课堂教学较少，学生的业余生活不够丰富，大都存在着文化修养偏低的问题。通识教育涉及的文化类学科较少，图书馆书籍种类不够齐全，社团相关活动不足，学生得不到充分发展，更难以形成有特色的校园文化体系。

在高校推广景德镇文化具有可行性。原因如下：（1）景德镇陶瓷文化具有很高的知名度，独特深厚的历史底蕴，容易得到师生的广泛接受；（2）景德镇陶瓷文化是中华民族传统文化的重要组成部分，具有弘扬我国传统文化的作用，能够得到学校的大力支持；（3）经抽样调查，高校中的大部分学生对陶瓷文化具有浓厚的兴趣。

学习实践景德镇陶瓷文化的过程：（1）开办景德镇陶瓷文化讲座与通识课程。邀请该领域资深专家学者授课，让学生感受到陶瓷文化的魅力，培养其兴趣爱好。课程开设的效果良好，且有 46.72% 的学生在对陶瓷文化有所了解之后积极参与到接下来的活动中。（2）成立陶瓷文化社团。通过一段时间的宣传发动，初步成立了有专业指导教师的兴趣社团，大家一起在业余时间学习和探讨景德镇陶瓷文化知识，阅读相关书籍资料，欣赏景德镇瓷器代表作品，在充实自己、陶冶情操之余也获得了团队合作、共同进步的乐趣，带动了校园陶瓷文化氛围的形成。（3）举办陶瓷文化知识竞赛。为营造浓厚的陶瓷文化氛围，吸引更多学生主动提高自身的文化素养，我们策划举行了陶瓷文化知识竞赛。不仅达到了预期目标，而且使更多的学生加入其中，更锻炼了成员的组织能力、创造能力。（4）搭建平台，推广陶瓷文化。把陶瓷文化与大学生综合素质拓展、志愿者等活动结合起来，我们与学生会素质拓展部、校青年志愿者协会、慈善义工社团等开展广泛合作，鼓励更多学生参与陶瓷文化的学习和实践，在校园内举办陶瓷文化读书节、参观学习南京博物馆景德镇陶瓷展品、定期播放景德镇陶瓷纪录片等活动，逐步营造了浓厚的校园文化氛围。

提升了学生的综合素质。陶瓷文化的学习实践活动锻炼了学生的记忆、思考能力，提高了其文化修养、综合素质，使得学生能够尝试独立思考分析问题并解决问题，陶瓷文化对学生的熏陶，有利于他们文化品位的提升和人格的完善，增加了学生学习专业课的学习信心，培养了他们为人处世的能力。这拓宽了学生视野，增强了人际沟通和团队合作能力。在陶瓷文化学习实践中，我们首先学习了相关历史文化知识，随后是社团成员之间的交流。这不仅让同学们涉猎广泛，更重要的是增强了不同书院、专业师生之间的了解，还培养了学生良好的团队工作能力。营造出一种兼容并包、其乐融融的文化氛围。让同学们跳出原有教学模式、思维模式的束缚，打破专业课程的限制，淡化功利主义、实用主义价值观，自由发展兴趣爱好。在陶瓷文化的陶冶下，多种多样的文化活动如雨后春笋，蓬勃开展起来，在南京审计学院形成了各具特色、活泼开放的文化氛围。

综上，陶瓷文化拥有深厚的历史底蕴。丰富的内涵，对高校校园文化建设具有积极作用。同时，陶瓷文化学习传承活动只是一个良好的契机，它绝不是高校文化建设的终点。没有文化底蕴的大学，不是真正意义上的大学，一所追求卓越的大学，如果缺乏卓越的大学文化，其永远不可能成为卓越的大学。故此，以陶瓷文化为代表的传统文化在高校中如何形成燎原之势，还将等待更多的有志者参与其中。

第四节　大学生对陶瓷文化传承发展的责任意识

国务院 2009 年 12 月 12 日正式批复《鄱阳湖生态经济区规划》，标志着建设鄱阳湖生态经济区正式上升为国家战略。此外，景德镇市在第十一个五年规划中也明确提出要发展创意产业。发展景德镇陶瓷文化创意产业已是大势所趋，而培养陶瓷文化创意企业，创业者则是发展陶瓷文化创意产业的重要环节。

一、陶瓷文化创意产业传承人才的素质要求

创业型人才是社会经济繁荣发展的关键人才，他们通过创业活动，创造价值，推动了经济增长、社会进步和国家繁荣。创业型人才和其他人才相比有其显著的特征。

作为一个创业者首先要有创业意识。创业意识是创业的先导，它构成创业

者的创业动力，是创业思维和创业行动的必要准备。拥有创业意识的人会自觉自发地收集各类信息，用创业者的眼光来看待问题，寻找创业商机，随时准备开创新的企业来实现自己的梦想。创业者应具备的第二个素质就是创业精神。创业精神是创业者与其他人的最大差别，一个具有创业精神的人是指在工作中具有冒险精神、创新意识、使命感、责任感、敬业、自信、执着等特质，总是以一种积极的、开放的心态来追求事业的不断增长。创业者应具备的第三个素质就是创业知识与创业技能。创业知识就是了解和掌握与商业有关的诸如市场、消费者、竞争者、企业管理等等方面内容。而创业技能就是灵活运用上述知识，整合各种资源，将一个商机转化为一个企业的操作能力。

"陶瓷创意文化产业"是指以陶瓷资源为载体，通过一系列创意活动，引起生产和消费环节价值的增值的柔性产业。它具有高附加值、高创意、高流通的特点，是一类低能耗、高产出的新型绿色产业。要成为高素质的景德镇陶瓷文化创意产业创业人才除具备以上素质外，还应了解或掌握景德镇的陶瓷文化、陶瓷产业的发展历史、陶瓷文化创意产业发展体系及景德镇市关于发展陶瓷文化创意产业的相关政策法律法规。只有具备创业者素质又同时有较高的陶瓷文化素养、熟悉景德镇本地的各种情况的人才才是一名合格的景德镇陶瓷文化创意产业创业人才。

二、陶瓷文化创业人才能力与责任意识培养

我们培养陶瓷文化创意产业创业人才，关键在于培养学员的创业能力及陶瓷文化素养，使其推动景德镇陶瓷文化创意产业的健康发展，培养的着力点应放在创业意识、创业精神、创业知识与技能以及陶瓷文化素养的熏陶上。景德镇陶瓷文化创意产业创业人才培养的模块主要包括两个方面：创业课程体系的建立，主要解决培养怎样的创业素质的问题；学员创业能力的建立，主要解决的是如何培养学员创业素质的问题。

（一）创业课程体系的建立

景德镇陶瓷文化创意产业创业培训学员一般来自景德镇三所高校的学生和各大中小陶瓷企业选送的员工。高校的大学生可在所在学校接受创业教育的培养，各陶瓷企业选送的员工既可以送到高校接受创业教育，亦可在市人力资源与社会保障局的主导下接受创业教育。景德镇陶瓷文化创意产业创业教育课程体系的建立是使得我们的创业教育具有规范性和针对性，提高教育质量，增强学员的创业素质。但也应该根据学员的共性和差异进行区别对待。

比如三所高校陶瓷专业的学生及企业选送的学员对陶瓷知识的认知就远远高于其他专业的学生，而经济管理类的学生在商业知识方面则强于这些学员。因此培养学员的创业意识、创业精神、创业技能和景德镇对陶瓷文化创意产业发展的相关政策法规、对创业的优惠政策等方面可作为公共课程，陶瓷文化素养方面的知识主要针对非陶瓷专业的大学生，而对陶瓷相关专业及企业选送学员重点进行商业知识的传授。

基于以上的分析，借鉴其他成功的创业教育经验，景德镇陶瓷文化创意产业创业课程体系应包括两个方面。一是采用国际劳工组织编写的 SIYB 课程体系。二是在景德镇三所高校非陶瓷类专业开设景德镇陶瓷方面的公共课程。再就是开设陶瓷类的各种公选课供感兴趣的学生选修，提高他们对景德镇陶瓷及陶瓷文化创意的认知。在教师队伍的建设上，可采用政府、学校、企业合作模式，整合优秀资源，努力提高创业教育质量。

（二）创业能力和责任意识的培养

创业能力的建立是学员在将所学到的创业知识进行灵活运用的过程中培养出来的，这也是创业人才培养的关键所在。结合景德镇市及陶瓷文化创意产业的特点，学员创业能力的建立主要做好三个方面的工作。一是构造良好的创业氛围，引导有志之人走向创业之路。比如经常请一些陶瓷文化创意产业创业成功人士来开讲座，与学员多交流，介绍其成功之经验，培养学员创业意识，激发学员创业激情。在高校和政府部门成立创业指导中心全面指导学生开展创业活动，引进风险投资或政府基金，建设陶瓷文化创意创业园，给学员搭建陶瓷文化创意创业平台，促进学员创意成果的转化。二是每年开展陶瓷文化创意创业计划大赛和创业大赛。创业计划竞赛是学员创业模拟练习的一项有效方式，可以涵盖理论知识和实践两部分内容。注重培养学员创业意识、提高创业素质、积累创业知识。而陶瓷文化创意创业大赛则可借鉴《赢在中国》模式，通过政府主办，全社会参与。通过引入风险投资和专项基金及创业导师帮助创业者渡过最初的难关。在创业计划竞赛中，学员通过组队、选项目、市场调查、完成创业计划书以及答辩等阶段获得了宝贵的模拟创业经历，从而积累了创业知识，培养了创业能力，激发了创业精神，锻炼了学员的沟通交流和组织管理能力，提高了分析和研究能力。为他们今后真正创业奠定了坚实的基础。而创业大赛则是创业者的孵化器，是对创业者的创业能力的全面检验，也将极大地推动陶瓷文化创意创业的浪潮及陶瓷文化创意企业的创立与发展。三是开设创业论坛，建立陶瓷文化创意创业者联盟。通过创业论坛，延伸学员的眼界，开阔思路，比如邀请社会上有经验的创业家、企业家、风险投资家、陶瓷方面的大师及相关领域的政府官员到学校开设讲座，也可以挑选正在创业路上的青年才俊来交流创业体会。创业联盟是将正在创业和将要创业的人联结起来，是同类创业者互相交流、互相帮助的一个重要平台，创业者可在联盟里获得群体效应，实现更快的成长。

第八章 当代中国陶瓷文化国际化教育的分析与思考

第一节 陶瓷文化在国际化教育中的推行现状

"中国的陶瓷文化，有其独特的风格、气魄和神韵，陶瓷文化的传播将中国的历史与现在，将中国与世界联系在一起。"全国人大代表、景德镇陶瓷大学校长宁钢认为，实施陶瓷文化传播工程就是要引导优秀传统文化回归当代人民日常生活，满足人民群众对美好生活的新期待。在今年两会上，他提出陶瓷教育要"三进一融"。在社区，打造融入生活元素的"社区 + 文创"新范式。借助"互联网 +"信息化技术，解决社区公共空间的文化营造；以"特色陶瓷文创产品 + 深度社区服务"的形态激活社区潜力，鼓励特色陶瓷文创产品与社区特色资源结合，体现社区人文精神；将陶瓷文化作为社区居民素质教育内容，在社区教育中开设"陶瓷文化鉴赏与制作"课程，为社区素质教育的实施探讨新的途径。如采取线上与线下结合的方式，发挥陶瓷文化艺术网络媒体优势和互动平台的优势，组织陶瓷艺术家陶瓷艺人走进社区，在互联网上充分展示。

孔子学院是向全世界讲述中国故事和传播中国文化的有效途径。建议在孔子学院中开设陶瓷文化特色课程，以此为媒介，传播中国民族工艺、绘画方法、审美理念，以及传统文化、价值观念，讲好中华陶瓷思想故事、文化故事、民间故事，以陶瓷为媒介，增强世界各国对中国的文化认同。

同时，建议在"一带一路"沿线国家重要城市设立中华陶瓷文化交流中心或陶瓷艺术工作室，充分发挥陶瓷文化传播在国家战略中的重要优势；将中华陶瓷文化传播作为中国重大文化创新项目来实施，以推动中华优秀传统文化的现代复兴。积极推进与国内外陶瓷类、艺术类、智库类以及海外中国文化中心等机构的交流合作；积极参加在海外举办的各类文化交流活动；广泛开展国际陶瓷学术研修、游学培训、陶瓷文化论坛等活动，助力中华优秀传统文化走向世界；加大对中国唯一的陶瓷大学景德镇陶瓷大学办学的支持，使其办成世界知名的一流特色大学，为中华陶瓷文化的现代化、国际化提供有力保障。

一、认清当前中国陶瓷绘画"走出去"的先发优势

树立陶瓷艺术的文化自信是重振中国陶瓷文化的首要之举，亦是提升国家文化软实力可凭借的重要途径。当前，以景德镇为中心的中国陶瓷绘画创作已具备雄厚的物质基础和创作实力。

首先，"天下至精至美之瓷莫不出于景德镇"。景德镇得源于明、清瓷器文化的高度发达和强大的辐射能力，即使在今天陶瓷文化高度发达的日本，乃至于欧美发达国家，对景德镇的瓷器也拥有极高的地域品牌认同基础。迄今，无论中西方，人们心目中最好的瓷器还是出产于景德镇。

其次，当前景德镇拥有陶瓷绘画最为雄厚的物质基础。景德镇拥有千年的陶瓷创作工艺经验积累；拥有国家、省、地（市）三级完善的现代陶瓷科研机构；具备从中专、中技，到本、硕、博完整系统的现代陶瓷教育体系；集聚着一大批高水平的本土陶瓷艺术家创作人才；吸引了全国乃至世界各地无数慕名而来的画家、雕塑家来此探索体验陶瓷艺术的魅力；全市星罗棋布，具有数以万计的从瓷土釉料配方研发，到制坯成型、彩绘上釉、烧窑出炉等的陶瓷产业作坊；陶瓷产业集群更是为世界所独有；景德镇发达的物流配送体系也为瓷器的运输流转提供了强有力的保证。笔者曾到景德镇进行田野考察，发现景德镇目前仍然保留着体系完备的陶瓷创作条件，如在凤凰山、雕塑瓷厂、艺术瓷厂及周边，均能找到完备的坯户、窑户、红店、瓷行、笔行、釉店、物流配送点等一整套瓷器生产销售的产业服务链条。外来画家轻易就能在市区找到他们进行陶瓷绘画创作所需要的所有条件。这也是近年越来越多的外地画家跻身景德镇从事陶瓷绘画创作的客观物质基础。

最后，经过当代陶瓷绘画艺术家三十多年的探索，中国陶瓷绘画已经走在了世界前列。当前没有哪个国家像景德镇那样拥有烧制数米规格的大型瓷板瓷器的工艺水平，这些大型艺术瓷器能为陶瓷绘画提供更为广阔的想象空间和表现空间。世界上也没有哪个国家能拥有当代景德镇如此丰富的釉下彩绘造型、色彩还原及艺术表现能力和表现手段。世界上更没有哪个国家拥有数量如此庞大的画家群体积聚在一地，相互探讨和交流当代瓷器绘画的创新观念和心得体会的现象。显然，中国陶瓷绘画已经远远走在了世界陶瓷绘画的前列，具备快速发展的强劲动力和基础。

二、当代中国陶瓷艺术"走出去"急需解决的问题

当然，目前景德镇陶瓷绘画也面临着诸多的挑战，如果不能很好地克服，中国陶瓷艺术"走出去"或许也只能是个畅想。

首先，景德镇家庭作坊式的陶瓷生产方式不利于发挥整合优势。改革开放后，景德镇原有的十大国有瓷厂相继倒闭。部分有一技之长的瓷厂职工以家庭为单位租用厂房继续从事陶瓷生产并延续至今。家庭作坊式的生产方式有利于调动从业者的生产积极性，也正是这些连点成片的家庭作坊，为外来画家提供了便利的陶瓷绘画创作条件和环境。但这种家庭作坊式的生产方式其局限性也异常明显。以家庭为单位的小作坊间各自为政，作坊集中的厂区公共环境残破不堪，作坊空间狭小，创作环境简陋艰苦，陶瓷质地、工艺水平也参差不齐，作坊间相互模仿抄袭，生产重复性大。如同景德镇历史上的民窑，在这些小规模的作坊群中，生产的大多是质量不高的粗瓷，难以形成有较大市场影响力的艺术瓷品牌。因此，需要相关部门牵头，整合景德镇现有的作坊资源，将其转换成符合现代企业制度的产业集群，并在此基础上打造有竞争力的艺术瓷品牌。

其次，当前还没有形成健康的艺术品投资环境。民众投资艺术品，鲜有人是真正喜欢某件作品而投资收藏的，更多的人是听闻当代艺术品投资回报率高而收购作品，看中的是转卖艺术品的获利空间，艺术品本身蕴藏的艺术价值却往往被忽视。民众在投机心理的支配下，已不重视有关艺术品的专业知识，收藏者短、平、快地依赖某些机构或个人的推荐，迷信专家鉴定、作者头衔，靠"耳朵"进行收藏，这就造成了国内艺术瓷收藏浮躁之风盛行。例如，近年来当代艺术瓷市场价格不断攀升，吸引越来越多的外地艺术家加入到"景漂"队伍中来，这其中也不乏淘金者。他们有的人依靠代理机构的商业炒作，将自己水平不高的瓷画作品炒作到很高的价位牟利；有的人只顾眼前利益，为完成订单而日夜赶工，作品的艺术原创性、品质质量都不再顾及。笔者曾在景德镇艺术瓷厂遇见过一位画家，其为在三个月内完成数百件作品的订单量，在一天之内竟然要画完十余只100～200件大小的瓷瓶。目睹其在瓷画创作过程中拿着画册四处借鉴，涂涂抹抹，寥寥几笔就完成一件作品，笔者真为其作品的艺术原创性及品质捏一把汗。艺术家为金钱沦落成重生产的画匠，是当代陶瓷绘画的悲哀。

最后，地摊式的售卖行为严重损害了景德镇艺术瓷的声誉。近些年，一些游商在景德镇低价收购三四流甚至不入流的陶瓷作品，辗转运到全国各地，乃

至海外展销。这些展销规模往往不大，在城市街边随处租用一块场地，进行为期几天的叫卖。其中售卖的瓷器大多是仿制品或粗制滥造的残次品。由于没有可供对照的价格标准，这些瓷器往往标价随意，常常以景德镇精品艺术瓷的面貌出现。售卖者看人要价，利用人们缺乏辨识当代艺术瓷收藏价值的知识缺陷，极尽吹嘘之能事，诱骗人们购买。这些近似地摊式的展销活动，在快结束的几天里往往还以极低的价格抛售瓷器。乱象丛生的瓷器销售环境，令景德镇艺术瓷在民众心目中的形象急剧下跌，也破坏了景德镇艺术瓷交易市场的正常秩序。

景德镇千年窑火不断，一个行业支撑了一个城市的辉煌，在历史上留下的陶瓷科技、陶瓷生产工艺都是世界领先。宋元以来，景德镇瓷器通过丝绸之路，大量输往欧亚市场，贵重的景德镇瓷器被欧洲人誉为"白色金子"。英国、瑞典、荷兰、朝鲜、日本等均模仿中国的制瓷技法，开辟了欧亚制瓷历史的新纪元。随着中外文化交流与贸易往来，景德镇陶瓷的独特魅力还影响到欧洲的艺术流派的价值取向和审美取向。目前，景德镇处于历史上最繁荣的时期，出现了很多"景漂"艺术家和工匠。各种思潮、各种艺术形式都在景德镇陶瓷艺术上得到了展现。与此同时，我们也要冷静思考，要法于传统而不囿于传统，充分发挥景德镇本地材质优势，很好地传承千年的传统技艺和"非遗"手法，吸收外来艺术精华，推陈出新，创造出符合这个时代的优秀的陶瓷艺术形式。

第二节　陶瓷文化在国际化教育中推行的具体措施

一、文化创新与陶瓷文化国际交流与教育的逻辑关系

（一）文化创新为陶瓷文化国际交流与教育提供价值导向与路径指引

文化创新是文化发展的内在动力，更是适应时代进步的必然要求。每一个新元素、新理念的出现，都将原有理论成果或艺术形成更加完善，都将推动文化传播与发展。陶瓷文化在经历了千年的沉淀之后，只有不断进行文化创新，才能在国际交流与教育中进一步提升价值，才能更好地彰显中华民族的灿烂文明。

（二）陶瓷文化国际交流与教育有利于文化创新的丰富与发展

随着科技的发展与信息交流的迅捷，各国之间的文化交流日益频繁，我国陶瓷文化在国际交流与教育的过程中，发现不同国家陶瓷文化理念与艺术形成

的特色与优势，不断借鉴吸收他国陶瓷文化的优秀成果，创造出一些有新质特征的文化理论或艺术形态。正是在这个过程中，文化创新的形式与内容得以丰富与发展。

二、当前中国陶瓷文化国际交流与教育面临的困境与挑战

伴随着世界文化多元化的发展趋势，陶瓷文化在当代文化中的地位受到影响，中国陶瓷文化引领世界潮流的地位也受到严峻的挑战。如何在不断丰富陶瓷文化内涵的同时，继续和发扬中国陶瓷深厚的文化底蕴。如何适应现代化、国际化的新要求，将现代元素融入陶瓷文化中，在文化多元化的浪潮中推进中国陶瓷文化国际交流与教育，是当前中国陶瓷文化国际交流与教育面临的现实困境。

如今，在中国"一带一路"倡议下，推动了沿线国家不断加强文化教育方面的交流与合作，更多外国学生来到中国留学深造。这给传播以陶瓷文化为代表的中国文化带来利好的同时，陶瓷文化国际教育也面临缺乏陶瓷文化国际教学者和高级陶瓷翻译工作者的问题，这是中国陶瓷文化国际交流与教育面临的人才困境。由于陶瓷制作工序复杂，能掌握传统制瓷工序的人员不多，加之语言上的沟通障碍，使国外友人较难理解中国陶瓷文化的内涵，这是中国陶瓷文化国际交流与教育面临的沟通困境。创新增长是世界文化发展的模式，但是陶瓷文化面临创新乏力的问题，对优质的前卫艺术不能有效地吸收，这是中国陶瓷文化国际交流与教育面临的发展困境。

三、文化创新视域下陶瓷文化国际交流与教育价值提升的目标追求

（一）求同存异，彰显本民族陶瓷文化特色

小人同而不和，君子和而不同。世界陶瓷文化发展中也是求同存异，求同即是各民族文化通过交流融合、互渗和互补，不断突破本民族的地域和民族的局限性而走向世界；存异即在世界文化大舞台中保留彰显本民族文化特色。中国陶瓷文化只有融入世界陶瓷文化的潮流中，才能更充分彰显本民族陶瓷文化特色。

（二）勇于创新，引领世界陶瓷文化方向

中国陶瓷文化几千年的历史沉淀，具有鲜明的中华民族色彩、地域背景，有着其他国家无法比拟的陶瓷文化优势。当以全球为视野、以传统为根基、以实力为依托，勇于创新，通过提升陶瓷文化内涵、创新陶瓷设计理念、更新陶

瓷制作工艺，让中国陶瓷文化再次引领世界陶瓷文化方向。

（三）凝聚共识，促进世界陶瓷文化大发展、大繁荣

人类文化的存在与发展，不是一种文化吞并一种文化，而是一种文化如何正确面对其他文化，在相互交流中取长补短，发展自己。中国陶瓷文化是中华民族的骄傲，也是世界文化的财富。作为陶瓷文化的发源地，中国有责任促进世界陶瓷文化的大发展、大繁荣，只有凝聚共识、共同繁荣，才能实现中国陶瓷文化国际交流与教育价值的不断提升

四、文化创新视域下陶瓷文化国际交流与教育价值提升的路径探寻

（一）创新文化价值内涵，实现传统陶瓷文化的现代化转型

中国传统陶瓷文化有着千年的积淀，在这个过程中，成就了中国陶瓷文化的辉煌。然而继承传统也可能导致缺乏创新意识，理念中的守旧、工艺上的沿袭等，都在一定程度上阻碍了中国陶瓷文化的发展。现代来源于传统又是对传统的改造，中国陶瓷文化必须立足本民族的文化土壤，适应现代化、国际化的新要求，不断创新文化价值内涵，实现传统陶瓷文化的现代化转型。

（二）创新文化交流方式，促进陶瓷文化多领域、宽路径的国际交流

以 APEC 会议、二十国集团首脑会议等国际会议为平台，将陶瓷文化作为本民族特色文化展现给各国。通过政治领域的交流与合作，推动陶瓷文化国际化交流文化搭台，经济唱戏，在陶瓷产品商贸往来的过程中，注重陶瓷文化内涵的提升从而通过经济领域的交流与合作，推动陶瓷文化国际化交流。陶瓷作为泥与火的结晶，陶瓷材料在生态、环保领域有着广阔的空间。积极研发陶瓷材料在生态环保领域中的价值，从而通过生态领域的交流与合作，推动陶瓷文化国际化交流。随着互联网信息的发展，互联网与各领域、各行业融合日益密切，应充分运用互联网技术，为陶瓷文化国际化交流提供更宽广的路径。

（三）创新文化教育模式，推进陶瓷文化教育多元化发展

每一种文化都有其存在的历史基础与现实价值，正因为有了不同文化的存在，才构成了多姿多彩的世界，在世界一体化的进程中，各国文化的多样性更为凸显不同国家文化的交流与碰撞，使各国文化中都包含了更多的元素。文化多元化已成为历史发展的趋势，各国文化的平等共处、和谐发展已成为共识。在陶瓷文化国际教育过程中，应尊重其他国家文化特色，不断创新教育模式，以适合各国教育对象接受的形式开展国际教育，实现陶瓷文化国际教育的多元化发展。

第三节　景德镇陶瓷大学对中国陶瓷文化国际化传播的推动作用

中国陶瓷文化曾是引领世界的强势语言，拥有当时较为强大的文化话语权，也正是因为中国陶瓷文化的巨大辐射与影响力，中国才被西方称为瓷器（CHINA）之国。然而当中国陶瓷走过极盛的康乾盛世后，中国陶瓷伴随着中国封建社会的衰败而逐渐衰落了。如今，中国想要在新一轮的综合国力竞争中先发制人，依托自身的先天优势，优先提升诸如陶瓷文化这样具有雄厚历史积淀与人文基础的文化软实力应是当务之急。

景德镇陶瓷大学的定位就是"服务行业，服务陶瓷"，所以在行业创新、设计创新等方面均为行业做出了较大贡献。在新时代更要为创建国家品牌服务，除培养陶瓷材料、陶瓷科技、艺术设计人才以外，同时也非常重视陶瓷评论人才，这样也更加全面地体现了陶瓷大学在培养人才上全方位服务行业的定位。目前来看，优秀的陶瓷艺术理论评论人才不足，社会需求量却比较大。为了培养优秀的高质量的陶瓷艺术理论评论人才，我校于2016年设立的艺术文博学院是在大学进入新的发展时期建立的一个集教学与研究为一体的研究型学院。学校聘请清华大学教授李砚祖担任院长，设有美术学、设计学、文化遗产和文博考古学4个系，招收本科生、研究生，并逐步实现本硕连读、硕博连读，学院下设御窑研究院、中国陶瓷文化研究所、古陶瓷研究所等6个研究院所。为国家培养能够从事陶瓷艺术研究、修复、遗址保护、陶瓷文物鉴定、陶瓷文化交流的高层次人才奠定坚实的基础。

2018年年初，校党代会上提出，到2050年把我校建成中华陶瓷艺术与文化高地，实现"世界知名陶瓷大学"的美好愿景。艺术文博学院作为陶瓷大学理论教学和研究的主要单位，肩负着大学艺术专业理论教学与研究及人才培养的重任，主要任务是从事陶瓷艺术、设计史论诸方面的研究与教学，其研究与教学工作将立足于中国陶瓷事业的发展和进步，立足于世界性的学术研究前沿，出成果、出人才。学院现已形成了"本—硕—博"完整的人才培养体系，2017年年底又新增科学技术史学科博士点；并成功举办了国家艺术基金2017年度艺术人才培养资助项目"陶瓷艺术理论评论人才培养"高研班，面向全国招收学员，为中国陶瓷艺术理论研究的丰富和发展提供稳定而卓越的后备力量。

　　景德镇陶瓷大学的教学设置中，很重视陶瓷人才的创业教育。"互联网＋"对于陶瓷行业来说，是非常有意义的商业模式。"互联网＋"改变了陶瓷产品创新理念，改变了陶瓷行业的商业模式，改变了陶瓷行业的营销渠道，也改变了陶瓷行业的竞争手段。在"互联网＋"时代背景下，全球信息开放共享和网络化的高度发展，进一步推动了陶瓷艺术的发展。

　　一方面，在"互联网＋"时代，人们获取信息的方式更加快捷、信息内容更加多元，人们的认知方式和对陶瓷艺术的欣赏发生了巨大的改变，新的美学观念在网络的推波助澜下已经"润物细无声"地渗透进现代人的意识之中，人们的审美观念和审美取向趋于多样化，进一步提升了人们对于陶瓷艺术品的鉴赏能力和水平。另一方面，当前先进网络与信息技术已逐渐参与到陶瓷艺术品生命周期的开发。"互联网＋"促进了传统陶瓷工艺文化与现代文明的有机结合，大大提升了陶瓷艺术品的开发能力和工艺水平。

　　与此同时，在"互联网＋"的推动下，陶瓷艺术品开启了市场化运作模式，为陶艺家提供了极佳的艺术展示和推广平台，吸引众多艺术爱好者与资深藏家参与其中。得益于诸如此类的"互联网＋"陶艺平台，陶瓷艺术也逐渐走出"深闺飞入寻常百姓家"。在陶瓷艺术家与收藏家、艺术爱好者都获益的同时，陶瓷艺术变得更加平易近人，这将更有利于陶瓷艺术市场的长远发展。

　　近代中国陶瓷文化的衰落并非在于工艺，更多在于丢失了传承发展优秀传统文化的自信。瓷器本是最具中国文化特色的人造之物，瓷器上的绘画也是最具东方色彩的独创艺术，但是中国陶瓷的艺术身份却常常被国人忽视。20 世纪 50 年代，在原中央工艺美院的倡导下，陶瓷被划入工艺美术的范畴，从此，中国陶瓷绘画就失去了独立的艺术身份，以致今日在中国美术领域，拥有极高艺术价值的陶瓷绘画作品都没能被纳入国家级的美术展览与美术专业比赛中来。

　　当然将陶瓷归入工艺美术的范畴也是具有一定合理性的。工艺美术设计关注的是工艺品的适众性，亦即迎合大众的审美趣味，并利于批量生产，其"创造性"的成果体现在为满足"适用"需求而进行功能化提升，并在此基础上体现大众的审美趣味。因此，工艺美术设计最为显著的特点就是设计方案一旦确定后，按方案去实施就能获得大致相同的产品。在批量生产的工艺美术产品中，很难注入艺术家个性化的情感与思想。因此工艺美术无法获取艺术的高雅身份，只能勉强获得"次艺术"的价值认同。因此，大部分的日用陶瓷和一部分按照设计方案完成的、大体相同的观赏陈设瓷是应该纳入工艺美术的范畴之内的。

　　但是，以陶瓷为载体的陶瓷绘画，却是与工艺美术完全不同的艺术创作活动。从艺术活动的本质特征来考察，人类艺术创作的灵魂是创作者内心情感的自然流露和充分表达。在纯粹的艺术创作活动中，创作者将自己的思想和情感通过各种艺术手段和载体，并借助极具个性化的艺术表现方式，让艺术欣赏者对作品中蕴含的情感产生共鸣。人类的艺术创作和欣赏活动，其实质是人类的普遍情感通过不同艺术载体在不同时空中的沟通与交流，是艺术家和欣赏者在精神上的交流与融通。完全不同于工艺美术程式化创作方式的陶瓷绘画，是创作者借助瓷器载体表达情感的一种艺术行为。这种新的艺术表达方式体现在借助陶瓷器皿三维立体造型之美，在有限的瓷壁空间中自由表达创作者个人对美好生活和事物的情感体验，是一种真真切切的艺术创作活动。因此，陶瓷绘画与高度程式化、模型化的陶瓷装饰工艺是截然不同的。

目前，学界普遍认同的文人瓷画是晚清新安派文人画家进入景德镇所作的瓷画。这批文人画家摒弃了传统陶瓷工匠程式化的装饰方式，以艺术家的独特视角，将中国画的风貌移植到陶瓷上来，创造了名噪一时的浅绛山水瓷画。随后"珠山八友"创立的粉彩瓷画，更是为陶瓷绘画注入了高雅的艺术气质。文人瓷画的横空出世，标志着陶瓷绘画作为一种全新的艺术形式的诞生。中华人民共和国成立后，特别是改革开放以来，陶瓷绘画以其特有的艺术魅力，吸引无数的国内外画家到景德镇一显身手，形成了蔚为壮观的当代景德镇"景漂"现象。如今，经过当代中国艺术家几十年的探索和积累，陶瓷绘画的艺术表现语言已经发展成熟，完全可以成为与传统国画、油画相匹敌的绘画类种，而且这种全新的艺术形式只为当代中国所独有。相对于国画走不出东方的尴尬，陶瓷原本就是一种被东西方世界普遍接受的高端艺术品，具有强大的跨文化传播能力。因此以陶瓷为载体的中国绘画艺术借助陶瓷绘画走出国门具有得天独厚的先发优势。

年轻人要有吃苦的精神。天上不会掉馅饼，只有努力才有收获，只有付出才有回报。新时代，给年轻人带来无限的机遇，也带来了挑战——要有全球视野、国际化思维，要广纳博学、善于思考，要学习传统、法于传统但不囿于传统，要有宽广的胸怀和包容的情怀，要树立远大目标，为创建中国陶瓷行业国际化品牌而努力。

参考文献

[1]　董平.中国传统文化与现代化 [M].北京.中国政法大学出版社，2000.12.

[2]　刘宝存.大学理念的传统与变革 [M].北京：教育科学出版社，2004.13-14.

[3]　顾明远.中国教育的文化基础 [M].山西教育出版社，2004.11.

[4]　张岱年，方克立.中国文化概论 [M].北京师范大学出版社，2004 修订版本.1-2

[5]　梅萍.以德治国论 [M].武汉：湖北人民出版社，2003.

[6]　朱耀廷.中国传统文化通论 [M].北京：北京大学出版社，2005.

[7]　万美容.思想政治教育方法发展研究 [M].北京：中国社会科学出版社，2007.

[8]　陈华洲主编.思想政治教育方法论 [M].武汉：华中师范大学出版社，2010.

[9]　杨新起主编.新世纪高校校园文化建设论 [M].武汉：武汉理工大学出版社，
2001.

[10]　金耀基.从传统到现代 [M].中国人民大学出版社，1999.93-94.

[11]　江毅.论中国传统文化"以人为本"哲理对高校思政教育的审美渗透 [J].未
来与发展，2009（8）.

[12]　王学青."大学之道"的现代变迁 [J].现代大学教育，2008（2）.

[13]　胡在东.积极推进植根于传统文化的价值观认同 [J].中国党政干部论坛，
2014（2）.

[14]　纪连功.充分发挥传统文化教育的积极作用 [J].中国高教研究，2000（9）.

[15]　张祥浩，石开斌.中国传统文化与思想政治教育的创新 [J].东南大学学报（哲
学社会科学版），2008（5）.

[16]　李大伟.基于传统文化维度的大学生思想政治教育创新探究 [J].江苏高教，
2012（2）.

[17]　赵瑞华，孔君英.论传统文化的思想政治教育功能 [J].理论月刊，2011（7）.

[18]　卢先明.依托中国传统文化增强高校思想政治教育实效性 [J].湖南师范大学
教育科学学报，2010（4）.

[19]　靳义亭.坚持主体性原则加强大学生社会责任教育 [J].河南工业大学学报（社

科版），2010（4）.

[20]　冯刚，刘晓玲. 坚持以文化人深入推进社会主义核心价值观培育践行 [J]. 思想理论教育导刊，2016（2）.

[21]　李鑫. 传统文化思想对我国高校学生管理工作的启示与实践 [D]. 天津大学硕士，2012.

[22]　宋向华. 中国优秀传统文化对高校创新人才的育人研究 [D]. 重庆工商大学硕士，2014.

[23]　白明. 关于中国现当代陶艺的思考 [J]. 文艺研究，2003，（1）：124–130.

[24]　白明. 当代中国陶艺漫谈 [J]. 陶瓷艺术研究，1999，（2）：6–7.

[25]　陈琦. 陶艺教育现状的思考 [J]. 西北美术，2005，（1）：52–53.

[26]　杨涛. 现代陶艺发展概述 [J]. 株洲工学院学报，2004，18（6）：77–78.

[27]　夏德武. 关于中国现代陶艺现状的文化思考 [J]. 装饰，2002，（10）：7–8.

[28]　杭间. 语焉不详的中国"现代陶艺" [J]. 文艺研究，2003，（1）：111–123.

[29]　周月麟. 关于陶艺教学的思考 [J]. 装饰，2004，（8）：89.

[30]　关明新. 设计时代里对陶艺教育的探讨 [J]. 艺术教育，2004，（4）：79–80.

[31]　李正安. 国外陶瓷设计教育之启示 [J]. 艺术设计教育，2005，（10）：82–84.

[32]　余芳. 对当代陶艺教育的认识 [J]. 设计教育，2004，（2）：16–17.

后 记

非物质文化遗产对大学生思想品德教育有非常重要的借鉴意义。非物质文化遗产是中华民族悠久历史的见证，蕴含着特殊的精神内涵、文化意识。它不但保存、延续了民族的优秀成分，而且起到了很好的教化育人作用。非物质文化遗产是传统文化的精华，对大学生思想政治教育有着积极价值。本书认为非物质文化遗产是大学生思想品德教育的重要载体和思想基础，非物质文化遗产在大学生思想品德教育中有其应用的必要性和可行性。正因为非物质文化遗产融历史环境与现实生活、内在本质与表面特征于一体，具有特殊的价值和优越性，对于宣传传统文化，建设美好家园，改进大学生思想品德教育工作具有非常重要的意义，所以说把非遗传统资源融入高校思想教育中来很有必要。但非物质文化遗产在高校思想教育应用中面临着一些问题，如受教育者对"非遗"认知缺失，教育者思想上对其不重视，高校相关专业设置不合理，社会上"非遗"外传受到阻碍。非物质文化遗产与大学生思想品德教育相结合的研究，可以说是对当前高校思想教育理论与实践的一个创新。

中国传统文化是中华民族经历长期的历史时期，形成和发展起来的比较稳定的文化形态，是中华民族智慧的结晶。高校思想品德教育须弘扬和传承传统文化的精华，将传统文化中有价值、有意义的理论成果、思想认识与当代高校的思想品德教育相结合，与世界同在，与民族共融，依此增强我们思想品德教育的实际效果，实现高校思想品德教育工作的创新。

传统文化因其具有渗透性强，影响持久以及形象、生动等特点，其进入高校思想品德教育，可促进大学生思想道德教育有效价值的提高。传统文化能够给大学生提供一个了解祖国悠久、丰富文化遗产的平台，增强大学生的民族自信心和自豪感，提高他们的审美情趣，塑造健康人格，为大学生世界观、人生观、价值观教育提供文化资源支撑。高校思想教育要从中汲取精髓和营养，规避糟粕和弊端，真正增强大学生思想品德教育的时效性、现实性。

中国传统文化融入高校思想品德教育需要我们正确认识、理性看待。必须坚持批判和继承的统一,汲取精华,去除糟粕,融合创新。要坚持民族性和世界性的统一。只有这样,才能开拓大学生的文化视野,增强高校思想品德教育的感召力和吸引力。